Hellseherei

Das ultimative Handbuch zur psychischen Entwicklung, außersinnlichen Wahrnehmung und Intuition

© Copyright 2023

Alle Rechte vorbehalten. Kein Teil dieses Buches darf in irgendeiner Form ohne schriftliche Genehmigung des Autors reproduziert werden. Rezensenten dürfen in Besprechungen kurze Textpassagen zitieren.

Haftungsausschluss: Kein Teil dieser Publikation darf ohne die schriftliche Erlaubnis des Verlags reproduziert oder in irgendeiner Form übertragen werden, sei es auf mechanischem oder elektronischem Wege, einschließlich Fotokopie oder Tonaufnahme oder in einem Informationsspeicher oder Datenspeicher oder durch E-Mail.

Obwohl alle Anstrengungen unternommen wurden, die in diesem Werk enthaltenen Informationen zu verifizieren, übernehmen weder der Autor noch der Verlag Verantwortung für etwaige Fehler, Auslassungen oder gegenteilige Auslegungen des Themas.

Dieses Buch dient der Unterhaltung. Die geäußerte Meinung ist ausschließlich die des Autors und sollte nicht als Ausdruck von fachlicher Anweisung oder Anordnung verstanden werden. Der Leser / die Leserin ist selbst für seine / ihre Handlungen verantwortlich.

Die Einhaltung aller anwendbaren Gesetze und Regelungen, einschließlich internationaler, Bundes-, Staats- und lokaler Rechtsprechung, die Geschäftspraktiken, Werbung und alle übrigen Aspekte des Geschäftsbetriebs in den USA, Kanada, dem Vereinigten Königreich regeln oder jeglicher anderer Jurisdiktion obliegt ausschließlich dem Käufer oder Leser.

Weder der Autor noch der Verlag übernimmt Verantwortung oder Haftung oder sonst etwas im Namen des Käufers oder Lesers dieser Materialien. Jegliche Kränkung einer Einzelperson oder Organisation ist unbeabsichtigt.

Inhaltsverzeichnis

EINFÜHRUNG 1
KAPITEL 1: ÜBERSINNLICHE FÄHIGKEITEN BEI IHNEN UND IHREN MITMENSCHEN 3
KAPITEL 2: DER NUTZEN DER AUßERSINNLICHEN WAHRNEHMUNGSKRAFT 16
KAPITEL 3: TYPEN VON HELLSEHERN - WELCHER SIND SIE? 20
KAPITEL 4: DAS AUFFINDEN UND LÖSEN VON BLOCKADEN 35
KAPITEL 5: DIE AKTIVIERUNG DES DRITTEN AUGES UND WAHRE ACHTSAMKEIT 48
KAPITEL 6: WIE MAN DIE ENERGIE DER MENSCHEN, DIE EINEN UMGEBEN, WAHRNEHMEN UND DEUTEN KANN 64
KAPITEL 7: DIE CHAKREN KENNENLERNEN 75
KAPITEL 8: AUREN LESEN 96
KAPITEL 9: TÄGLICHE ÜBUNGEN UND POSITIVE GEWOHNHEITEN ZUR STÄRKUNG VON INTUITION UND ÜBERSINNLICHEN FÄHIGKEITEN 108
FAZIT 113
HIER IST EIN WEITERES BUCH VON MARI SILVA, DAS IHNEN GEFALLEN KÖNNTE 114
REFERENZEN 115

Einführung

Kürzlich traf ich jemanden, der die Emotionen seiner Mitmenschen in überwältigender Art und Weise spüren konnte. Diese Person konnte sofort erkennen, wenn jemand eine bestimmte Emotion erlebte, weil die Person in der Lage war, diese Gefühle wahrzunehmen, als seien sie ihre eigenen. Die Person wusste zwar schon lange, dass sie diese Fähigkeit hatte, aber sie hatte keine Ahnung, warum. Sie lebte einfach in den Tag hinein und wurde von ihrer Umgebung mit psychischen Reizen bombardiert. Sie wusste nicht, dass sie eine so genannter „Empathin" war. Es überrascht mich immer wieder, wie viele Menschen mit verschiedenen übersinnlichen Gaben durchs Leben gehen, ohne sich dessen bewusst zu sein. Viele Menschen haben sich an mich gewandt und mich gefragt, ob es möglich sei, dass sie eine spirituelle oder übersinnliche Gabe haben. Die Menschen fragen: „Bin ich hellseherisch begabt? Wie kann ich mehr dazu herausfinden?" Da Sie dieses Buch lesen, vermuten Sie wahrscheinlich auch, dass Sie möglicherweise spirituelle Fähigkeiten haben, aber Sie sind sich nicht sicher.

Jeder Mensch ist bis zu einem gewissen Grad übersinnlich begabt. Wir wurden alle mit übersinnlichen Instinkten geboren, die uns besondere Fähigkeiten verleihen, aber diese Sinne schlummern bei den meisten Menschen, weil wir uns auf die fünf „normalen" Sinne (Sehen, Riechen, Tasten, Schmecken und Hören) konzentrieren. Wenn Sie sich also die obige Frage gestellt haben, kennen Sie jetzt die Antwort: Ja, Sie haben latente übersinnliche Fähigkeiten. Sie haben diese vielleicht nicht Ihr ganzes Leben lang genutzt, aber die Fähigkeiten sind da und warten darauf, geweckt zu werden. Mit dem richtigen Lehrer können Sie Ihren sechsten Sinn erwecken und Ihre Gabe nutzen, was auch immer ihr spirituelles Talent sein mag.

Natürlich gibt es viele Quellen, die behaupten, Menschen lehren zu können, wie sie ihre übersinnlichen Gaben wecken und entwickeln können. Viele Menschen bezahlen selbsternannte Hellseher, damit diese ihnen dabei helfen, ihre besonderen Fähigkeiten zu verfeinern. Leider bieten die meisten dieser Quellen keine praktischen oder hilfreichen Einsichten, die die Menschen nutzen können, um ihre Intuition aktiv zu verfeinern und ihr Leben zu verändern. Glücklicherweise ist das Buch „Hellseherei: Das ultimative Handbuch zur psychischen Entwicklung, außersinnlichen Wahrnehmung und Intuition" eine Ausnahme.

Dieses Buch ist Ihre umfassende Einführung zu praktischen Techniken, die Ihre übersinnliche Entwicklung, außersinnliche Wahrnehmung und Intuition fördern können. Egal, ob Sie Auren sehen, die Energie von Menschen spüren, mit Ihrem Geist kommunizieren oder mit spirituellen Geistwesen kommunizieren wollen, hier finden Sie alles, was Sie wissen müssen. Dabei spielt es keine Rolle, ob Sie Anfänger sind oder auf Ihrer bereits begonnenen psychischen Entwicklungsreise vorankommen wollen. Dieses Buch kann jedem etwas bieten. Von der ersten bis zur letzten Seite ist es voller praktischer Techniken, wichtiger Schritte und unkomplizierter Übungen, die Ihnen helfen, Ihre Intuition zu schärfen und die Hellseherei zu erlernen. Mit diesem Buch haben Sie ein praktisches Hilfsmittel, das Sie jederzeit zur Hand nehmen können, um sich auf Ihrem Weg zum hellseherischen Erwachen beraten zu lassen.

Kapitel 1: Übersinnliche Fähigkeiten bei Ihnen und Ihren Mitmenschen

Hellsichtigkeit wird als die Fähigkeit definiert, die Ihnen erlaubt, über das hinauszusehen, was das gewöhnliche Auge erkennen kann. Es handelt sich um die Fähigkeit, durch außersinnliche Wahrnehmung Wissen zu erlangen, das anderen Menschen unbekannt ist. Hellsichtigkeit funktioniert nicht über die üblichen Wahrnehmungskanäle, die Sie kennen. Eine hellsichtige Person kann in Ihren Geist „sehen", ohne dass Sie es bemerken. Hellsichtigkeit ist eine übersinnliche Fähigkeit. Jeder Hellseher hat außersinnliche Wahrnehmungsfähigkeiten, die der Mehrheit der normalen Menschen nicht zugänglich sind.

Bevor ich fortfahre, sollte ich anmerken, dass sich die Worte „jeder Hellseher" in diesem Zusammenhang auf jeden Menschen beziehen. Viele Menschen glauben, dass Hellseher besondere Menschen mit einzigartigen Gaben sind. Das ist ein Irrglaube, der sich im Laufe der Jahre aufgrund einer Mischung von verschiedenen Faktoren durchgesetzt hat. Im Gegensatz zu dem, was viele Menschen glauben, ist die außersinnliche Wahrnehmung nicht auf eine Handvoll einzigartiger Menschen beschränkt. Wir alle verfügen von Natur aus über diese Fähigkeit, auch wenn es vielen von uns vielleicht noch nicht bewusst ist.

Wenn Sie jemanden in Ihrer Umgebung haben, der von Dingen träumt, die noch nicht geschehen sind, könnte diese Person hellsichtig sein. Sie sind von Menschen mit diesen Gaben umgeben, und merken es wahrscheinlich nicht einmal. Wenn Sie nicht wissen, wie Sie eine Person einschätzen sollten und wobei Sie vorsichtig sein müssen, können Sie sich nicht sicher wissen, ob die Person hellseherische Fähigkeiten hat. Menschen haben unterschiedlich starke übersinnliche Fähigkeiten. Manche können über das Physische hinaussehen, andere können mit Hilfe ihres Geistes mit anderen kommunizieren. Manche können sogar Ihre Emotionen genauso spüren, wie Sie selbst sie empfinden. Solche Menschen können Ihnen im Detail beschreiben, wie Sie sich in einem bestimmten Moment fühlen.

Viele Menschen gehen zu Hellsehern, um etwas über sich selbst zu erfahren. Manche Menschen gehen zum Beispiel, um eine Entscheidung zu überprüfen, die sie gerade getroffen haben. Sie tun dies, um sich zu vergewissern oder um sich bestätigen zu lassen, dass sie die richtige Entscheidung getroffen haben. Was diese Menschen jedoch nicht wissen, ist, dass sie diese Informationen in der Regel selbst herausfinden können, wenn sie willens sind und bereit, zu lernen. Wenn Sie Ihre zusätzlichen Sinne wecken, die, die erfahrenen Hellseher nutzen, haben Sie keinen Grund mehr, einen „professionellen" Hellseher aufzusuchen. Sie haben die Fähigkeit bereits in sich, diese ist momentan lediglich in einem passiven, untrainierten Zustand vorhanden. Sie müssen Ihre Kraft erwecken und diese schlummernde Fähigkeit nutzen, um Ihr Leben zu verändern. Da es in diesem Buch um die Entwicklung des Übersinnlichen geht, werden wir auch andere übersinnliche Fähigkeiten, die über das Hellsehen hinausgehen, besprechen.

Oft wird angenommen, dass das Hellsehen und alles andere „Übersinnliche" ein und dieselbe Sache sind. Stattdessen gehört die Hellseherei, wie die anderen Fähigkeiten, die wir besprechen werden, zur Gruppe der übersinnlichen Fähigkeiten. Dieses „Übersinnlich" ist ein breites Spektrum, dem man verschiedene Fähigkeiten unterordnen kann. Hellsichtige Entwicklungen und Erfahrungen reichen vom Hellsehen bis hin zur Telepathie, von Präkognition bis zur Hellfühligkeit, und weit darüber hinaus. Schauen wir uns kurz an, was das Wort „übersinnlich" genau bedeutet, damit Sie verstehen können, was ich meine.

Das Wort „Clairvoyance" war ursprünglich ein griechisches Wort und bedeutet im Englischen „Seele, Persönlichkeit, Energie". Es geht also auch beim deutschen Begriff der Übersinnlichkeit um das, was wir als geistige Energie bezeichnen. Jeder Mensch hat Seelenpersönlichkeitsenergie. Diese Energie ist transzendental. Sie geht über die materielle Ebene hinaus und kann uns zu so viel mehr machen, als uns bewusst ist. Die Seelenpersönlichkeitsenergie umfasst den physischen und den spirituellen Bereich. Sie umfasst die gesamte mystische Ebene. Wie jeder andere Mensch haben auch Sie einen Körper und eine Seele. Die fünf Sinne, die Sie zum Sehen, Hören, Fühlen, Riechen und Schmecken benutzen, sind die Sinne Ihres physischen Körpers. Ihre übersinnlichen Sinne hingegen sind die Sinne Ihrer Seele. Wir wurden alle dazu erzogen, uns um unseren physischen Körper zu kümmern, damit er lebendig und gesund bleibt. Aber nur eine Handvoll Menschen unter den Millionen von Menschen auf der ganzen Welt weiß, wie man sich um das Wohlergehen der Seele kümmert.

Ihre Seele ist der Teil Ihrer Selbst, der Sie übersinnlich macht. Die Tatsache, dass Sie eine Seele haben, bedeutet, dass Sie bereits übersinnlich sind. Sie können nicht auf Ihre übersinnlichen Fähigkeiten zugreifen, weil Ihnen nicht beigebracht wurde, Ihre Extrasinne so zu nutzen, wie Sie es mit Ihren anderen Sinnen gelernt haben. Außerdem wurde Ihnen nicht beigebracht, sich um Ihre Seele zu kümmern, so wie Sie sich um Ihren physischen Körper kümmern müssen. Ein Schlüssel zum übersinnlichen Erwachen ist es, für die Seele zu sorgen. Um Ihre Fähigkeiten bewusst zu nutzen, müssen Sie also Ihre geistigen „Muskeln" trainieren. Noch wichtiger ist, dass Sie sich von allen Ideen und Glaubenssätzen befreien, die Sie davon abhalten können, ein übersinnliches Erwachen zu erreichen. Dies ist ein wichtiger Schritt, um Ihre angeborenen Fähigkeiten wiederzuerwecken und auszuweiten.

Dank Hollywood haben viele Menschen eine klischeehafte Vorstellung davon, was es bedeutet, hellsichtig zu sein oder eine übersinnliche Gabe zu haben. In Filmen und Serien werden Hellseher so dargestellt, dass sie Besuche von übernatürlichen Wesen wie Dämonen und Engeln erhalten. Natürlich ist es möglich, diese Wesen zu sehen und mit ihnen zu kommunizieren. Aber es ist nicht so, wie Hollywood es Ihnen weismachen will. Um herauszufinden, ob Sie hellsichtig oder übersinnlich sind, gibt es Anzeichen, auf die Sie achten können. Das häufigste Zeichen ist das Bauchgefühl, das jeder Mensch von Natur aus hat.

Haben Sie schon einmal darüber nachgedacht, etwas zu tun, und sich dann dagegen entschieden, nur um festzustellen, dass Ihre ursprüngliche Entscheidung ein schreckliches Schicksal für Sie zur Folge gehabt hätte? So etwas nennt man *Bauchgefühl*. Der Begriff beschreibt das Gefühl, intuitiv zu wissen, was als Nächstes passiert, obwohl Sie keine Vorkenntnisse zu dieser Sache haben. Wenn Ihnen so etwas passiert, handelt es sich um einen übersinnlichen Sinn, der sich Ihnen mitteilt. Nehmen wir zum Beispiel an, Sie haben sich mit Ihren Freunden verabredet, um nach der Arbeit an Ihrem Lieblingsort abzuhängen. Leider mussten Sie Ihren Freunden absagen, weil Sie plötzlich keine Lust mehr hatten, mit ihnen auszugehen. Irgendetwas in Ihrem Inneren sagt Ihnen, dass Sie zu Hause bleiben und sich einfach einen neuen Film ansehen sollten. Am nächsten Tag teilen Ihnen Ihre Freunde mit, dass sie es wegen einer erheblichen Straßensperrung und langem Warten doch nicht bis zu dem Lokal geschafft haben. In diesem Fall war Ihr Bauchgefühl also richtig.

Neben der Kraft der Intuition und des Bauchgefühls gibt es noch andere Anzeichen, auf die man achten sollte, wenn man wissen will, ob man übersinnliche Fähigkeiten hat. Aber bevor wir dazu kommen, möchte ich kurz die verschiedenen Fähigkeiten erklären, die man theoretisch haben kann.

Empathen

Ein Empath ist eine Person mit der psychischen Fähigkeit, die Gefühle anderer Wesen intensiv zu spüren. Diese Menschen sind empfindlich und verletzlich gegenüber ihrer Umwelt. Solche Menschen erleben eine Flut von Emotionen, die sie sehr verwundbar und angreifbar machen. Wenn Sie ein Empath sind, können Sie aufgrund des Bombardements mit den Emotionen anderer Menschen Angstzustände entwickeln und sich unberechenbar verhalten. Ein Empath kann körperlich, emotional und intuitiv spirituell sein. Auf dieser Verletzbarkeit basiert jedoch auch der übersinnliche Sinn des Hellsehers. Wenn Ihr primärer übersinnlicher Sinn Hellfühligkeit ist, dann sind Sie mit größerer Wahrscheinlichkeit ein Empath. Im weiteren Verlauf des Buches werde ich noch detaillierter auf die übersinnlichen Sinne eingehen.

Alle Menschen werden mit dem Gefühl der Empathie geboren, aber diese Emotion ist bei hellsichtigen Menschen stärker ausgeprägt. Für ein angemessenes Verständnis der psychischen Empathie ist es wichtig, den Unterschied zwischen diesen beiden Gefühlen zu kennen. Im Gegensatz zu dem einfachen menschlichen Gefühl der Empathie geht die psychische Empathie über das bloße Fühlen der Gefühle anderer hinaus. Psychische Empathen können auch die Energie anderer Menschen spüren und lesen. Sie können nicht-verbale und nicht-visuelle Hinweise auf das, was jemand anderes erlebt, aufgreifen. Einige psychische Empathen können die Energieschwingungen anderer Menschen spüren, und zwar so stark, wie sie auch ihre Gefühle empfinden. Andere sind hellsichtig, d. h. sie wissen einfach, wie sich andere Personen fühlen, auch wenn diese ihnen keinerlei Hinweise geben. Nehmen wir einmal an, Sie können die Energie anderer Menschen lesen, oder Sie fühlen sich regelmäßig von Energie überwältigt, wenn Sie unter Menschen sind. Dann sind Sie wahrscheinlich ein hellsichtiger Empath.

Wie ich schon sagte, können Empathen körperlich, emotional oder intuitiv sein. Ein körperlicher Empath reagiert unbewusst auf die Emotionen der Menschen in seiner Umgebung und auf die körperlichen Anzeichen dieser Emotionen. Wenn Sie sich immer wieder dabei ertappen, wie Sie die Gefühle der Menschen in Ihrer Umgebung spiegeln, könnten Sie ein körperlicher Empath sein. Wenn Sie sich zum Beispiel glücklich fühlen, wenn Sie mit Menschen zusammen sind, die Freude ausdrücken und lachen, unabhängig von Ihrem persönlichen geistigen Zustand, ist das ein Zeichen empathischer Fähigkeiten.

Wenn Sie sich körperlich unwohl fühlen, wenn Sie mit Menschen zusammen sind, die krank sind oder unter ähnlichen Symptomen leiden, ist das ein weiteres Zeichen. Physische Empathen manifestieren die Symptome anderer Menschen und haben kaum Kontrolle über sie. Als körperlicher Empath können Sie den Überfluss an Eindrücken am besten kontrollieren, indem Sie sich immer mit lebhaften und gesunden Menschen umgeben. Wenn Sie Menschen kennen, die Ihren Stresspegel generell erhöhen, sollten Sie den Kontakt mit diesen Personen in Zukunft meiden.

Emotionale Empathen sind die Menschen, die man allgemein mit dem Begriff der Empathie in Verbindung bringt. Wenn Sie das Glück oder den Schmerz anderer so empfinden, als ob es Ihre eigenen wären, könnten Sie ein emotionaler Empath sein. Mit dieser übersinnlichen Fähigkeit nehmen Sie die positiven und negativen Gefühle anderer auf. Wenn Sie in der Nähe glücklicher Menschen sind, fühlen Sie sich ebenfalls begeistert und glücklich. Ebenso fühlen Sie sich unglücklich, wenn Sie sich in der Nähe trauriger Menschen befinden. Wenn Sie sich in der Nähe von Menschen aufhalten, die sich ständig in einer Krise befinden, kann sich das negativ auf Ihre geistige und emotionale Energie auswirken. Ein intuitiver Empath ist das Gleiche wie ein emotionaler Empath, mit einem kleinen Unterschied. Statt zu fühlen, spüren sie die Gefühle anderer durch eine psychische Verbindung. Sie können sogar das spüren, was unausgesprochen ist. Sie können außerdem auch erkennen, ob jemand lügt oder die Wahrheit sagt.

An den folgenden Merkmalen können Sie erkennen, ob Sie ein spiritueller Empath sind:

- Sie werden von Gefühlen überwältigt, wenn Sie sich in Gesellschaft von Menschen befinden.
- Sie finden es schwierig, Nähe und Intimität aufrechtzuerhalten.
- Sie ziehen es vor, sich selbst zu isolieren.
- Sie finden die Natur beruhigend.
- Ihre Sinne sind besonders geschärft.
- Sie haben ein stark ausgeprägtes Bauchgefühl.

Beispiel: Ihre Freunde haben Sie zu einem Restaurantbesuch eingeladen. Sie sind aufgeregt und freuen sich auf die Verabredung. Am Tag der Verabredung bereiten Sie sich vor und machen sich auf den Weg zum Lokal. Sobald Sie das Gebäude zum ersten Mal betreten, werden Sie von verschiedenen Gefühlen gleichzeitig überflutet. Sie erleben eine Mischung aus widersprüchlichen Gefühlen auf einmal und fühlen sich äußerst unwohl. Die Verabredung mit Ihren Freunden wurde schließlich zu einer anstrengenden Erfahrung, weil Sie die meiste Zeit damit verbracht haben, seltsame Gefühle zu empfinden, von denen Sie wussten, dass sie nicht Ihre eigenen waren. Nach diesem Tag haben Sie das Haus drei Tage lang so wenig wie möglich verlassen, weil Sie sich ausgelaugt fühlten, und erstmal wieder Energie tanken mussten. Ähnliches passiert Ihnen jedes Mal, wenn Sie an einen öffentlichen Ort gehen.

Medialität

Wie Hellsichtigkeit wird auch Medialität lose als Synonym für Hellseherei verwendet. Aber ein Medium ist nicht immer ein hellsichtiger Mensch, auch wenn jedes Medium ein Übersinnlicher ist. Ob Sie nun ein spirituelles Medium, ein intuitives Medium oder ein übersinnliches Medium sind, die Grundlage für alle diese Fähigkeiten ist, dass Sie über ein gewisses Maß an Spiritualität verfügen. Ohne spirituell zu sein, kann man kein Medium sein. Falls Sie nicht wissen, was ein Medium ausmacht, erkläre ich es an dieser Stelle kurz: Medien sind Hellseher, die die Fähigkeit haben, mit Geistern im Jenseits zu kommunizieren. Im Grunde genommen kann ein Medium mit Geistern und spirituellen Wesen sprechen. Ein Medium zu sein bedeutet nicht nur, dass man seine Intuition einsetzt, um Energie und Gefühle zu lesen oder Informationen über Menschen zu sammeln.

Als Medium können Sie durch Ihre Hellsichtigkeit das vergangene, gegenwärtige und zukünftige Leben einer Person sehen, indem Sie sich mit der spirituellen Energie der Person verbinden und mit ihr kommunizieren. Medien nutzen also nicht-physische Energie, die von außerhalb ihrer selbst ausgeht, um die Informationen zu erhalten, die sie über eine Person benötigen. Wenn Sie eine mediale Gabe haben, ist Ihnen vielleicht aufgefallen, dass Sie in Ihren Träumen oft Menschen sehen, die verstorben sind. Und wenn diese erscheinen, haben sie normalerweise Informationen für Sie. Normalerweise zeigen Medien schon in der Kindheit Anzeichen ihrer Fähigkeit. Aber sie merken vielleicht erst im Erwachsenenalter, was der Ursprung dieser Wahrnehmung ist. Manche Menschen bemerken es nie und beschäftigen sich ewig nicht damit.

Medialität setzt voraus, dass man intuitiv ist, was jeder Mensch im Grunde genommen. Jeder kann also auch ein Medium sein, solange er bereit ist, die inneren Sinne zu schulen. Sie können vielleicht nicht mit jedem Geist kommunizieren, aber mit Sicherheit mit Ihren verstorbenen Angehörigen. Geister sind überall um uns herum, und sie sind bereit, mit Ihnen zu kommunizieren, wenn Sie die Fähigkeit haben, sie zu spüren, zu fühlen oder zu hören. Je nach Ihrem ausgeprägten Hellsichtigkeitssinn können Sie Geister entweder sehen, hören, fühlen oder einfach nur ihre Anwesenheit spüren. Achtsamkeit ist der Schlüssel, um ein Medium zu werden, denn Sie müssen immer alles um sich herum im Blick haben. Wenn Sie achtsam sind, werden Sie feststellen, dass die meisten Dinge, die Ihnen seltsam, merkwürdig oder zufällig erscheinen, Zeichen von einem verstorbenen geliebten Menschen sind.

Woher wissen Sie, ob Sie ein Medium sind?

Oft haben Sie Empfindungen, die Sie an einen verstorbenen geliebten Menschen erinnern. Zum Beispiel können Sie einen Hauch des Lieblingsparfüms der Person riechen, das diese gerne trug, als sie noch lebte, oder ihre Lieblingsspeise im Mund schmecken, ohne dass es Ihnen merkwürdig vorkommt. Im Folgenden stehen einige weitere Anzeichen:

- Sie haben regelmäßig lebhafte Träume von der Person.
- Manchmal haben Sie Gedanken im Kopf, die wahrscheinlich von der Person stammen.
- Sie haben immer das Gefühl, dass jemand in Ihrer Nähe ist und versucht, mit Ihnen zu kommunizieren.
- Sie haben Déjà-vu-Erlebnisse.

Beispiel: Ihre Großmutter ist vor Kurzem verstorben. Als sie noch lebte, standen Sie sich sehr nahe, so dass ihr Tod für Sie unerträglich schmerzhaft war. Nach der Beerdigung gehen Sie ihr Haus aufräumen. Plötzlich haben Sie einen intuitiven Gedanken über ihren Keller und haben das Gefühl, dass Sie dort hinuntergehen müssen. Also gehen Sie hinunter in ihren Keller. Dort angekommen, schauen Sie sich um. Voila, Sie finden eine Schachtel, in der sich das wertvollste Armband Ihrer Großmutter befindet. In der Schachtel befindet sich auch ein Zettel, auf dem steht, dass Ihre Oma Ihnen das Armband als Erinnerung hinterlassen hat. Dies ist ein Beispiel für Medialität.

Auch wenn Sie es in diesem Moment vielleicht nicht explizit bemerken, hat der Geist Ihrer Großmutter den Gedanken an den Keller in Ihren Kopf gesetzt. Wenn Sie Ihre Fähigkeiten der

Medialität verbessern, können Sie vielleicht sogar mit Ihrer Großmutter kommunizieren, besonders in Momenten, in denen Sie ihre Hilfe brauchen. Es ist üblich, dass verstorbene geliebte Menschen als geistige Führer für ihre Familienmitglieder in der spirituellen Welt dienen.

Telepathie

Wenn man an Kommunikation denkt, kommt einem natürlich zuerst die mündliche und schriftliche Kommunikation in den Sinn, also das Schreiben und Sprechen. Aber haben Sie schon einmal über die Möglichkeit nachgedacht, über den Geist zu kommunizieren? Zweifellos haben Sie schon einmal von Telepathie gehört. Wahrscheinlich kennen Sie die Telepathie nur aus Ihren Lieblingsserien, zum Beispiel aus Fernsehserien über Superhelden. Hollywood hat eine Vorliebe für Filme über Superhelden mit mystischen Kräften. Aber in Wirklichkeit muss man nicht Charles Xavier sein, um mit anderen Menschen durch die Macht des Geistes zu kommunizieren. Wenn Sie übersinnlich begabt sind, verfügen Sie bereits über die Gabe der Telepathie. Es ist eine natürliche Gabe, die wir als Menschen alle besitzen. Seit Anbeginn der Zeit haben die Menschen die angeborene Fähigkeit, sich mit anderen über den Geist zu verbinden.

Telepathie ist eine übersinnliche Gabe, die es Ihnen ermöglicht, Gedanken und Gefühle von anderen Menschen zu senden oder zu empfangen, unabhängig von der Entfernung zwischen Ihnen und der Person. Wie alle übersinnlichen Fähigkeiten ist auch die Telepathie eine Form der außersinnlichen Wahrnehmung. Sie brauchen Ihre physischen Sinne nicht, um telepathisch Nachrichten zu senden und zu empfangen. Telepathie kann in verschiedenen Formen auftreten. Die erste ist das Lesen oder die Fähigkeit, zu spüren oder zu hören, was im Kopf einer anderen Person vorgeht. Dann gibt es die Kommunikation - die direkte mentale Kommunikation mit einer anderen Person. Zusätzlich muss man auch eindrücklich sein - also die Fähigkeit haben, ein Wort, einen Gedanken oder ein Bild in den Geist einer anderen Person einzupflanzen. Schließlich gibt es noch die Kontrolle - die Fähigkeit, eine andere Person zu zwingen, auf eine bestimmte Weise zu denken oder deren Verhalten zu beeinflussen.

Als Mensch haben Sie die natürliche Fähigkeit, die Dinge zu erkennen und sie so zu empfinden, wie sie sind. Auf diese Weise formen Sie Ihre Erfahrungen. Sie können allerdings auch Ihr eigenes Bewusstsein mit dem anderer Menschen verbinden. Es geht dabei um Ihre Seelenpersönlichkeitsenergie, die es Ihnen ermöglicht, Ihre Schwingungsfrequenz mit der eines anderen Menschen in Einklang zu bringen. Wenn Sie das erreichen, brauchen Sie Ihre normalen physischen Sinne nicht mehr, um mit der Person zu kommunizieren oder sich mit ihr zu verbinden. Ob Sie es wissen oder nicht, Sie haben wahrscheinlich schon verschiedene telepathische Erfahrungen gemacht. Wenn Sie beispielsweise jemals eine Erfahrung gemacht haben, bei der Ihr Bauchgefühl Ihnen sagte, dass mit jemandem etwas nicht stimmt, und Sie dann feststellen, dass Ihre Intuition stimmte, dann haben Sie eine telepathische Erfahrung gemacht.

Wie Sie sehen, haben all diese übersinnlichen Fähigkeiten eines gemeinsam: die Intuition. Angenommen, Sie lernen, sich bewusst auf die Schwingungsfrequenzen anderer einzustellen. Auf diese Weise können Sie eine mentale Verbindung mit ihnen herstellen.

Woher wissen Sie, dass Sie selbst oder andere Personen telepathisch sind?

- Der Raum zwischen Ihren Augenbrauen schmerzt und kribbelt ständig. Sie erleben auch andere Empfindungen, die Ihnen Unbehagen bereiten.

- Sie sind von Natur aus einfühlsam. Telepathie und Empathie sind miteinander verknüpft. Während die Empathie mehr mit dem Zugang zu den Gefühlen anderer zu tun hat, bezieht sich die Telepathie mehr auf die Gedanken. Und während ein Empath Informationen über die Gefühle anderer empfängt, kann ein Telepath Gedanken senden und empfangen. Wenn Sie die Gabe der Empathie haben, können Sie sich beispielsweise darin üben, Ihr telepathisches Tor für die weitere psychische Entwicklung zu öffnen.

- Sie fühlen sich zur geistigen Welt hingezogen. Menschen, die sich ihrer übersinnlichen Gaben unbewusst bewusst sind, fühlen sich oft zu übersinnlichen und spirituellen Praktiken hingezogen. Nehmen wir an, Sie fühlen sich dazu hingezogen, sich mit Ihren Ahnen zu verbinden, zu meditieren oder allgemein Zeit mit spirituellen Aktivitäten zu verbringen. Das bedeutet, dass Ihre Gabe darauf wartet, geweckt zu werden.

- Sie merken, wenn Sie jemand anlügt oder betrügt. Menschen mit der Gabe der Telepathie können spüren, wenn jemand nicht ehrlich oder ihnen gegenüber nicht gutgesinnt ist. Wenn sie sich Ihrer Gabe noch nicht bewusst sind, nehmen sie unbewusst die Gedanken Ihres Gegenübers auf. Wenn Sie sich aber ihres Potenzials bewusstwerden und daran arbeiten, Ihre Fähigkeit zu verbessern, können Sie bewusst spirituellen Einfluss ausüben.

Beispiel: Ihr Freund geht in einem anderen Bundesland zur Schule. Obwohl er schon seit sechs Monaten weg ist, kommunizieren Sie jeden Abend mit ihm. Es ist fast wie ein Ritual zwischen Ihnen. Eines Tages haben Sie ein starkes Bauchgefühl, dass etwas nicht stimmt. Sie sind besorgt, dass ihm etwas zugestoßen sein könnte. Dieses Gefühl hält den ganzen Tag über an. Sie bekommen ihn nicht aus dem Kopf. Sobald es dunkel wird, rufen Sie ihn an, und er sagt Ihnen, dass er einen kleinen Unfall hatte und im Krankenhaus liegt. Er sagt, es sei nichts Ernstes, und er werde am nächsten Tag entlassen. Sie sind erleichtert, aber Sie denken auch verwundert an das ungute Gefühl in Ihrem Bauch zurück.

Dies ist ein Beispiel für eine telepathische Erfahrung zwischen zwei Partnern, die starke Gefühle füreinander haben. Telepathische Erfahrungen können zwischen Eltern und Kindern, Geschwistern, Liebenden und Zwillingen auftreten. Die Zwillingstelepathie ist eine weit verbreitete Form der spirituellen Kommunikation zwischen Zwillingen.

Dies sind einige der bekanntesten übersinnlichen Fähigkeiten, die sich der außersinnlichen Wahrnehmung bedienen. Andere Beispiele sind Präkognition, Astralreisen, luzides Träumen usw. Eine Gemeinsamkeit dieser Fähigkeiten ist, dass sie alle auf der Gabe des Hellsehens beruhen. Sie fragen sich wahrscheinlich, wie Sie feststellen können, ob Sie hellseherische Gaben haben. Die Anzeichen, die Sie am häufigsten erhalten, bestimmen die genaue übersinnliche Fähigkeit, die Sie aller Wahrscheinlichkeit nach haben.

Anzeichen dafür, dass Sie übersinnliche Fähigkeiten haben

Überall um Sie herum gibt es Zeichen, die Ihnen zeigen, dass Sie übersinnliche Wahrnehmungskräfte haben. Trotzdem achten Sie wahrscheinlich nicht auf diese Anzeichen. Um sicher zu sein, dass Sie hellseherische Fähigkeiten haben, finden Sie im Folgenden Anzeichen, auf die Sie achten sollten. Beachten Sie, dass Sie nicht alle diese Anzeichen sehen müssen, um hellsichtig zu sein. Wenn Sie mindestens drei dieser Anzeichen wahrnehmen, sind Sie hellsichtig.

- **Starkes Bauchgefühl:** Wenn Sie feststellen, dass Sie mit Ihrem Bauchgefühl in der Regel richtig liegen, ist dies eines der besten und häufigsten Anzeichen für Spiritualität, auf das Sie achten sollten. Jeder hat im Allgemeinen ein Bauchgefühl, aber es ist oft ausgeprägter, wenn es eine psychische Anziehungskraft zwischen Ihnen und der Geisterwelt gibt. Bei einer übersinnlichen Anziehungskraft haben Sie das Gefühl, dass Sie von einer starken Kraft zu etwas hingezogen werden, und Sie haben das Gefühl, etwas zu wissen. Außerdem treten gelegentlich normale Bauchgefühle auf. Aber wenn man eine übersinnliche Anziehungskraft hat, hat man meistens ein Gefühl des Wissens über eine bestimmte Tatsache.

- **Besonders scharfe Sinne**: Übersinnlichkeit bedeutet, dass Sie eine übersinnliche Wahrnehmungskraft haben. Wenn Sie das Gefühl haben, dass Ihre Sinne schärfer sind als sonst, ist das ein wichtiges Zeichen. Sie hören vielleicht Dinge, die nicht da sind. Es kann sein, dass Sie die Gedanken und Gefühle einer anderen Person spüren können. Ein gutes Beispiel dafür ist es, wenn Sie die Sätze anderer Menschen immer vervollständigen, bevor diese sie überhaupt aussprechen. Nehmen wir an, das passiert Ihnen immer mit verschiedenen Menschen zu verschiedenen Zeiten. Dann können Sie vielleicht mit anderen telepathisch kommunizieren.

- **Lebhafte Träume:** Wenn Sie oft Träume haben, die sich so real anfühlen, dass sie stundenlang nicht verschwinden, könnte dies ein weiteres Anzeichen für eine außersinnliche Wahrnehmung sein. Wenn Sie zum Beispiel von einer Stelle geträumt haben, auf die Sie sich beworben haben, die aber abgelehnt wurde, kann es sein, dass Sie am nächsten Tag doch einen Anruf von dem Unternehmen erhalten. Lebhafte Träume gibt es nicht nur nachts. Sie können auch Tagträume haben. Sie träumen zum Beispiel von einer Trophäe, die Ihnen verliehen wird, um dann festzustellen, dass Sie bei der Arbeit befördert wurden. Achten Sie immer auf Ihre Träume, denn sie können Ihnen Aufschluss über Ihre übersinnlichen Fähigkeiten geben.

- **Anziehung durch die Natur und schöne Dinge:** Hellseher fühlen sich normalerweise von der Natur und anderen schönen Dingen angezogen. Wenn Sie gerne an den Strand gehen oder sich im Wald hinter Ihrem Haus aufhalten, könnte dies ein weiteres Zeichen sein. Hellseher stellen fest, dass sie sich häufiger als andere von der Natur und der Ästhetik angezogen fühlen. Hellsichtigkeit lässt Sie Dinge wie Malen, Zeichnen, Fotografieren und andere kreative Tätigkeiten schätzen. Das liegt daran, dass Hellsichtigkeit ein visueller Sinn ist.

- **Auren sehen:** Als Hellseher ist es üblich, farbige Lichter um jeden herum zu sehen, dem man begegnet. Das Licht, das Sie sehen, wird Aura genannt, die visuelle Projektion des menschlichen elektromagnetischen Feldes. Auren geben Ihnen wichtige Informationen über Menschen, ihre Gedanken und Gefühle. Sie können Ihnen dabei helfen, sich selbst und die Welt besser zu verstehen.

Das nächste Kapitel befasst sich mit den Vorteilen übersinnlicher Gaben und warum Sie Ihre eigenen entwickeln sollten.

Kapitel 2: Der Nutzen der außersinnlichen Wahrnehmungskraft

Wie alle Dinge haben auch außersinnliche Wahrnehmungen Vorteile und Vorzüge. Es ist unmöglich, die Vorteile zu bestreiten, die übersinnliche Gaben denjenigen bringen, die sich ihrer bewusst sind. Natürlich bringt das Übersinnliche auch Verantwortung mit sich, der man gerecht werden muss. Sie müssen vorsichtig mit Ihren übersinnlichen Fähigkeiten umgehen und wissen, wie Sie sie einsetzen können. Ein Fehler kann sich auf eine Weise auswirken, die Sie noch nicht kennen. Außersinnliche Wahrnehmungen zu haben, ist eine faszinierende Sache. Sie ermöglichen es Ihnen, die Welt von einer einzigartigen Perspektive aus zu betrachten. Mit dieser einzigartigen Perspektive können Sie lebenswichtige Entscheidungen treffen und sich selbst auf den richtigen Weg bringen, um Ihre Bestimmung zu erfüllen. Und was noch wichtiger ist: Sie können mit Ihrer Fähigkeit auch anderen helfen.

Ein Vorteil des Hellsehens ist, dass es Ihnen erlaubt, sich auf alles einzustimmen, was um Sie herum geschieht, und gleichzeitig Ihre Schwingung zu erhöhen. Die Nutzung Ihrer übersinnlichen Gabe ist eine Möglichkeit, Ihre Schwingung zu erhöhen. Je mehr Sie Ihre Fähigkeit nutzen, desto mehr können Sie sich mit dem Universum und allem, was darin ist, verbinden. Wie ich bereits erwähnt habe, besteht alles im Universum aus Energie. Sie selbst sind aus Energie gemacht. Ich bin aus Energie gemacht. Jedes Wesen im Universum ist aus Energie gemacht. Sie existiert in uns allen und verbindet uns auf eine faszinierende Weise mit unserer Umgebung. Wenn Sie Ihre übersinnlichen Fähigkeiten verfeinern und einsetzen, verbessert sich Ihre Fähigkeit, sich auf die Energie des Universums einzustimmen, dramatisch. Schließlich können Sie sich sogar mit Ihrem höheren Selbst verbinden, was das Ziel aller spirituellen Menschen ist. Durch die Verbindung mit Ihrem höheren Selbst erhalten Sie Zugang zur göttlichen Führung und zu anderen geistigen Wesen, die höher stehen als Sie.

Um Ihre übersinnlichen Fähigkeiten nutzen zu können, müssen Sie außerdem meditieren. Ohne Meditation können Sie nicht den höheren Schwingungszustand erreichen, der es Ihnen ermöglicht, Ihre Gaben bewusst einzusetzen. Außerdem müssen Sie Ihre übersinnlichen Gaben nutzen, um Ihre Chakren geöffnet und ausgerichtet zu halten. Chakren sind ein Teil des Energiesystems. Um ein gesundes körperliches, geistiges und spirituelles Leben zu führen, müssen Sie sicherstellen, dass Ihre Chakren immer klar, ausgeglichen und gesund sind.

Wenn Sie ein Anfänger in der Kunst der Hellsichtigkeit und der psychischen Entwicklung sind, ist es wahrscheinlich, dass Ihre Chakren blockiert sind. Das bedeutet, dass Ihre körperliche und geistige Gesundheit nicht so lebendig ist, wie sie sein sollte. Um Ihre Chakren zu öffnen und auszurichten, müssen Sie zunächst Ihre Reise zum hellseherischen Erwachen und zur Entwicklung beginnen. Abgesehen davon sind Ihre Chakren direkt mit jedem Ihrer psychischen Sinne verbunden. Das bedeutet, dass Sie Ihre übersinnlichen Fähigkeiten verbessern können, wenn Sie Ihre Chakren ausgeglichen- und offenhalten.

Außerdem können Sie als Hellseher Ihre eigene Spiritualität und die spirituelle Welt erforschen. Um mit der übersinnlichen Entwicklung zu beginnen, müssen Sie zunächst lernen, richtig zu meditieren. Wenn Sie meditieren, werden Sie an Orte befördert, zu denen Ihr physischer Körper normalerweise keinen Zugang hat. Dies bietet Ihnen die Möglichkeit, mehr über sich selbst zu erfahren. Zum Beispiel können Sie mit Ihren übersinnlichen Fähigkeiten den Ort der Akasha-Aufzeichnungen erreichen. Die Akasha-Aufzeichnungen enthalten Informationen über Ihr vergangenes Leben, Ihre Gegenwart und Ihre Zukunft. Durch den Zugang zu den Aufzeichnungen können Sie mehr über die Dinge erfahren, die Ihr Leben beeinflussen werden. Während Sie die spirituellen Bereiche erforschen, können Sie mit Engeln, Geistführern, Göttern und anderen spirituellen Wesen kommunizieren, die Ihr Leben mit ihrem Wissen beeinflussen können.

Ihre hellseherischen Gaben können Ihnen helfen, Ihre Lebensrichtung und Ihren Lebenszweck zu verstehen. Hellsichtigkeit verschafft Ihnen einen unschätzbaren Einblick in die Komplexität des Lebens, das Sie erwartet. Selbst wenn Sie von Haus aus ein sehr gut organisierter Mensch sind, kann es leicht passieren, dass Sie angesichts der vielen Entscheidungen, die Sie im Laufe Ihres Lebens treffen müssen, überwältigt werden. Aber wenn Sie mit Ihren übersinnlichen Sinnen im Einklang sind, müssen Ihnen diese Entscheidungen nicht schwerfallen. Sie haben Zugang zu göttlicher Führung für Ihr Leben und dessen Zweck. Im Grunde genommen können Sie sich immer dann einen einzigartigen, spirituellen Überblick verschaffen, wenn Sie ihn brauchen. Das wird Sie davor bewahren, zu viel nachzudenken und zu viel zu analysieren, bevor Sie wichtige Lebensentscheidungen treffen.

Genauso wie übersinnliche Fähigkeiten Vorteile haben, bergen sie auch Risiken. Wenn Sie nicht vorsichtig sind, könnten Sie Ihre Gaben aus egoistischen Gründen einsetzen. Wenn das passiert, könnten Sie den Zugang zu diesem Teil Ihrer Selbst verlieren. Sie sollten Ihre Fähigkeiten nicht ausnutzen. Achten Sie auch darauf, dass Sie die Informationen, die Sie durch Ihre Kräfte erhalten, nicht für unrechte Taten verwenden. Denken Sie daran, dass sich die Zukunft ständig verändert, da sie auf mehreren Möglichkeiten beruht. Sie sollten also keine Ihrer Vorhersagen als die absolute Wahrheit ansehen. Schließlich sollten Sie Ihre Fähigkeiten nicht überstrapazieren, da dies Ihre geistige und körperliche Gesundheit beeinträchtigen könnte. Wenn Sie sich derart tief in die spirituelle Welt integrieren, können Sie den Bezug zur Realität verlieren. Es sollte ein Gleichgewicht zwischen der Erforschung der physischen Ebene und der spirituellen Ebene bestehen.

Um übersinnliches Wachstum zu erreichen, sind einige Dinge zu beachten. Wenn Sie die wichtigsten Tipps befolgen, können Sie den

Nutzen Ihrer Fähigkeiten maximieren und gleichzeitig die Risiken minimieren.

Kapitel 3: Typen von Hellsehern - welcher sind Sie?

Wenn Sie jemand fragen würde, was übersinnliche Fähigkeiten sind, wüssten Sie wahrscheinlich nicht, was Sie ihm antworten sollen. Es ist schwer, klar zu beschreiben, was einen Hellseher ausmacht. Der Hauptunterschied zwischen den verschiedenen Arten von Hellsehern ist ihre Fähigkeit, Informationen wahrzunehmen. Ihr ausgeprägter übersinnlicher Sinn bestimmt Ihre übersinnlichen Fähigkeiten. Er bestimmt also, welche Art von Hellseher Sie sind.

Auch die dominanten übersinnlichen Sinne beziehen sich auch darauf, welche übersinnlichen Fähigkeiten Sie persönlich haben. Natürlich wissen Sie bereits, dass Hellsehen oder Hellfühlen bedeutet, dass Sie Dinge wahrnehmen können, die über Ihre normalen Sinneswahrnehmungen hinausgehen. Aber was genau wissen Sie über übersinnliche Fähigkeiten? Sind alle übersinnlichen Fähigkeiten gleich, oder gibt es Unterschiede? Wenn sie sich unterscheiden, was sind dann die so genannten „Hellsinne"? Jeder Mensch wird mit einem oder mehreren dieser Sinne geboren, aber wir verlieren oft den Kontakt zu ihnen. Jeder dieser Sinne funktioniert bei jedem Menschen anders, aber die Informationen, die wir durch sie erhalten, kommen im Allgemeinen in abstrakter Form bei uns an. Manchmal braucht man sogar andere Hilfsmittel, um die empfangenen Botschaften zu entschlüsseln. Wenn Sie z. B. einem Freund sagen wollen, dass er Sie später zu Hause besuchen soll, gibt es dafür mehrere Möglichkeiten. Sie könnten ihn auf seinem Handy anrufen, ihm eine Textnachricht schicken, eine Sprachnachricht auf WhatsApp senden oder ihn sogar anschreien, falls er zufällig nebenan wohnt. Das sind alles Wege, um Ihrem Freund eine Nachricht zu übermitteln, aber sie benutzen unterschiedliche Kommunikationskanäle. Das bedeutet, dass sie alle dieselbe Botschaft auf unterschiedliche Weise übermitteln. Das Gleiche gilt für übersinnliche Sinne und Kommunikation.

Mit jedem übersinnlichen Sinn können Sie die gleiche Botschaft erhalten, aber auf unterschiedliche Weise. Hellsichtigkeit bringt Ihnen Botschaften in Form von Bildern. Mit der Hellfühligkeit hingegen können Sie „fühlen", anstatt zu sehen. Wenn Sie anfangen, sich auf Ihre übersinnlichen Sinne einzustellen, wissen Sie vielleicht nicht, was real und was spirituell ist. Vielleicht merken Sie es nicht einmal, wenn Sie diese Sinne benutzen. Da sie alle mit der Intuition zusammenarbeiten, ist es eine Herausforderung, Ihren herausragenden „hellen" Sinn zu erkennen. Wenn Sie die Sinne besser kennenlernen, werden Sie vielleicht feststellen, dass Sie alle verschiedenen spirituellen Fähigkeiten haben oder ein oder zwei von Ihnen. Es spielt keine Rolle, ob Sie eine oder mehrere haben. Wichtig ist, dass Sie übersinnlich sind, egal ob Sie nur einen dieser Sinne haben oder mehrere.

Die Frage ist also, wie erkennt man die „hellen" Sinne?

Clairvoyance (Hellsehen)

Hellsichtigkeit ist der wichtigste übersinnliche Sinn, den die meisten Menschen kennen. Es ist das Erste, was einem in den Sinn kommt, wenn man jemanden fragt, ob er weiß, was ein Hellseher ist. Daher gehen die meisten Menschen oft davon aus, dass Hellsehen dasselbe ist wie Hellfühlen. Clairvoyance bedeutet „klares Sehen", also hellseherisches Sehen. Einfach ausgedrückt, ist Hellsehen die Fähigkeit, übersinnliche Botschaften zu sehen. Man kann mit Sicherheit sagen, dass die Hellsichtigkeit bei den meisten Menschen der aktivste Sinn ist. Unabhängig von Ihrem Alter oder Geschlecht haben Sie höchstwahrscheinlich auf die eine oder andere Weise schon einmal Hellseherei erlebt. Das Spannende daran ist, dass Sie es vielleicht mehr als einmal erlebt haben, ohne es als das zu erkennen, was es ist. Da Hellsehen der am weitesten verbreitete übersinnliche

Sinn ist, wird es von vielen als Wunschdenken, Tagträumerei und Umherschweifen des Geistes abgetan. Dieses Missverständnis rührt von der falschen Darstellung dieser Fähigkeit in Filmen und Fernsehsendungen her.

Hellsehen kann man sich am besten als eine Art Schauspiel im Geiste vorstellen, aber jeder hellsichtige Hellseher hat eine andere Vorstellung davon, was er genau sieht. Manche erhalten Botschaften in Form eines mobilen Bildschirms, der plötzlich in ihrem Kopf mit Bildern, Symbolen usw. erscheint. Andere sehen Bilder von Menschen und Gegenständen mit besonderen Merkmalen. Wenn hellsichtige Menschen Geister sehen, materialisieren diese sich oft in Ihrem Geiste, so dass sie unglaublich real wirken. Wenn Sie diese Erfahrung machen, haben Sie vielleicht das Gefühl, eine echte Person vor sich zu sehen. Aber in Wirklichkeit benutzen Sie Ihr „geistiges Auge" und nicht Ihr physisches Auge, um die Person zu betrachten. Die Person befindet sich also nicht wirklich vor Ihnen, Sie können sie nicht berühren. Aber Sie können sie in Ihrem Geist sehen.

In Filmen wird das Hellsehen als etwas dargestellt, das sich im Kopf des Hellsehers abspielt, obwohl Hellseher in der Regel Bilder und Symbole erhalten, die sie interpretieren müssen, um die vollständige Botschaft oder Antwort auf ihre Fragen zu erhalten. Wenn Sie ein hellsichtiges Medium sind, erhalten Sie höchstwahrscheinlich Botschaften auf subtile Weise, deshalb müssen Sie wissen, worauf Sie achten müssen. Andernfalls könnten Sie sich selbst davon überzeugen, dass Ihr Verstand sich die Dinge nur einbildet.

Wenn Sie hellseherisch veranlagt sind, können Sie:
- Zufällige mentale Bilder empfangen
- Sich Dinge leicht vorstellen oder visualisieren
- Farben, Bilder, Symbole usw. blitzartig vor Ihrem geistigen Auge sehen
- Visionen in Form eines Films im Kopf haben

Die Visualisierung ist ein wichtiger Bestandteil des Hellsehens, da es sich dabei um klares Sehen handelt. Wenn Hellsehen Ihr ausgeprägter übersinnlicher Sinn ist, wäre es angenehm für Sie, sich vorzustellen, wie Sie sich am Strand von Hawaii bräunen. Das liegt daran, dass Ihnen Tagträume leichtfallen.

Im Folgenden stehen einige Möglichkeiten, hellsichtige Botschaften zu erhalten:

- **Symbole**: Wie bereits erwähnt, sind Symbole eine Möglichkeit, hellsichtige Botschaften zu empfangen. Das gilt auch für andere übersinnliche Fähigkeiten. Meistens werden hellseherische Botschaften in Form von Symbolen übermittelt. Anfänglich sind Sie vielleicht verwirrt über die Bedeutung des Symbols. Sie können diese jedoch deuten, wenn Sie Ihre intuitive Gabe kultivieren. Anstatt direkt zu erfahren, dass Sie bei der Arbeit befördert werden, sehen Sie vielleicht Bilder von einer Trophäe in Ihrem Regal. Sie sollten sich keine Sorgen machen, wenn Sie die Symbole nicht sofort verstehen. Je mehr Sie üben und mit Ihren Geistführern arbeiten, desto besser werden Sie die Symbole entschlüsseln können. Wenn Sie die Botschaften erstmal empfangen können, wird es für Sie kein Problem sein, die Bedeutung zu verstehen.

- **Bilder und Videos**: Wie Sie bereits gelernt haben, empfangen Hellsichtige Botschaften nicht immer auf ein und dieselbe Weise. Wir sehen nicht immer dieselben Dinge. Während Sie also Ihre Botschaften in Form von Symbolen erhalten, empfängt jemand anderes vielleicht Bilder und Filme. Diese Bilder können als Schnappschüsse im Kopf entstehen. Sie könnten auch in Form von bewegten Bildern erscheinen, wie etwa beim Betrachten einer Diashow. Für manche können Sie auch Symbole in Form eines Bildes sein.

Der gemeinsame Nenner bei den verschiedenen Arten, wie hellsichtige Menschen Botschaften empfangen, ist, dass sie alle durch das Dritte Auge empfangen werden. Hellsichtige Botschaften sind nicht physisch sichtbar. Um sie zu sehen, brauchen Sie Ihr hellseherisches Auge, das sich in der Mitte Ihrer Stirn befindet. Ihr Drittes Auge ist auch das, was manche das „geistige Auge" nennen. Es ist der Kanal, durch den hellsichtige Menschen Botschaften empfangen. Das Dritte Auge wird in Kapitel fünf ausführlich behandelt.

Clairaudience (Hellhörigkeit)

Clairaudience ist die Gabe des übersinnlichen Hörens. Es handelt sich dabei um die angeborene Fähigkeit, Botschaften zu „hören", ohne die eigenen Ohren im physischen Sinne zu benutzen. So wie es beim Hellsehen um das Sehen geht, geht es bei der Hellhörigkeit um das Hören. Das bedeutet, dass man Botschaften in Form von Klängen und nicht in Form von Bildern oder Symbolen empfängt. Eine hellhörige Person kann plötzlich Ideen, Anweisungen oder Botschaften in ihrem Kopf hören. Die Stimme, die Sie hören, ähnelt Ihrer eigenen Stimmlage, unterscheidet sich also vom Stimmenhören. Es kann sich so anfühlen, als ob Sie mit sich selbst sprechen, nicht als ob jemand anderes mit Ihnen spricht. Die Stimme, die Sie hören, kann innerlich oder äußerlich sein. Innerliches Hören bedeutet, dass Sie die Stimme in sich selbst hören, während die äußerliche Wahrnehmung bedeutet, dass die Stimme oder das Geräusch von außerhalb Ihres Körpers kommt.

Hellhörige Botschaften klingen normalerweise wie ein ausgesprochener Gedanke. Sie sind leise und subtil, so dass manche Menschen annehmen, sie würden laut denken. Hellhörigkeit ist der Schlüssel zur telepathischen Kommunikation. Es ist verständlich, dass es Ihnen schwerfällt, hellhörige Botschaften zu verstehen, da die Geister normalerweise ihre Schwingung senken müssen, bevor sie mit Ihnen kommunizieren können. Das führt dazu, dass ihre Stimmen ruckartig oder abgehackt klingen. Stimmen sind nicht das Einzige, was Sie als hellhörige/r Hellseher/in hören können.

Botschaften kommen auch in Form von Musik oder Klängen. Medien sind hellhörig. Sie hören Worte, Namen, Sätze und Botschaften aus den Stimmen der Verstorbenen. Manchmal werden hellhörige Botschaften als physische Klänge von der feinstofflichen Ebene empfangen. Dies ist eine der seltenen Gelegenheiten, bei denen die Stimme von außen zu Ihnen kommt. In diesem Fall hören Sie den Klang, die Musik oder die Worte einer physischen Stimme - Sie können jedoch die Quelle der Stimme nicht identifizieren. Oft klingt die Stimme des Geistes, der Ihnen die Botschaft sendet, eher wie seine Stimme als Ihre eigene.

Hellhörige Botschaften können auch in Form von Warnungen erfolgen. Nehmen wir an, Sie befinden sich in einer Notlage und Ihr

Geistführer möchte Ihnen helfen, heil aus der Situation herauszukommen. In diesem Fall hören Sie vielleicht eine laute Warnung in Ihrem Kopf. Das könnte eine erschreckende Erfahrung für Sie sein, aber es sollte nicht beängstigend sein. Ein Grund, warum Geister ihre Botschaften lieber in subtiler Form senden, ist, dass sie Sie nicht erschrecken wollen. Anfänglich verstehen Sie vielleicht nicht, woher die Botschaften kommen oder warum Sie sie auf Ihrer psychischen Entwicklungsreise erhalten. Hellhörige Botschaften können von Ihrem Geistführer, einem geliebten Menschen, der verstorben ist, oder von Ihrem Höheren Selbst stammen.

Jeder kann das Gehör bis zu einem gewissen Grad entschlüsseln, aber manche Menschen sind dafür prädisponierter, weil es ihr ausgeprägter übersinnlicher Sinn ist. Um herauszufinden, ob Hellhörigkeit Ihr vorherrschender Sinn ist, sehen Sie sich die folgenden Anzeichen an.

- Sie sind musikalisch veranlagt. Sie hören gerne Musik und spielen Musikinstrumente.
- Sie lieben es, sich mit Ihrem inneren Selbst zu verbinden, indem Sie Ihre eigene Musik schreiben.
- Auditive Kanäle sind Ihre bevorzugte Art zu lernen. Das bedeutet, dass Sie lieber jemandem zuhören, der Ihnen etwas erklärt, als selbst etwas darüber zu lesen.
- Lärm macht Sie reizbar und empfindlich.
- Die meiste Zeit hören Sie Klingeln und hohe Töne in Ihrem Kopf.
- Sie neigen zum Nachdenken und verbringen viel Zeit in Ihrem Kopf.

Es ist normal, wenn Sie nicht alle oben genannten Eigenschaften haben, aber Sie müssen mindestens drei haben, um sicher zu wissen, dass Hellhörigkeit Ihre dominante psychische Fähigkeit ist. Wenn das nicht der Fall ist, ist es immer noch möglich, dass Sie in gewissem Maße hellhörig sind. Hier finden Sie eine Liste, mithilfe derer Sie feststellen können, ob Sie hellhörig sind.

- Sie hören Stimmen, die wie Ihre eigenen klingen.
- Oft hört man die Stimmen innerlich, aber manchmal kommen sie auch aus einer externen Quelle.

- Die Erfahrungen sind kurz und direkt auf den Punkt gebracht.

Ein Freund erzählte mir einmal von einer hellhörigen Erfahrung, die ihm das Leben rettete, obwohl er nicht wusste, woher die Information kam. Er war mit seinen Freunden unterwegs. Sie saßen alle in einem Auto. Plötzlich hörte er eine Stimme in seinem Kopf, die ihm sagte, die Passagiere sollten sich fest anschnallen. Er war überrascht, denn er konnte die Quelle der Stimme nicht identifizieren.

Aber er erzählte seinen Freunden, was die Stimme in seinem Kopf gesagt hatte. Sie lachten alle und schnallten sich trotzdem an. Einige Augenblicke später spürten sie, wie ihr Auto von hinten von einem anderen, viel größeren Fahrzeug gerammt wurde. Glücklicherweise wurden sie nicht verletzt, weil sie alle angeschnallt waren. Mein Freund erzählt die Geschichte immer noch jedem, der es hören will. Er spricht oft davon, wie eine „fremde Stimme" sein Leben und das seiner Freunde gerettet hat.

Clairsentience (Hellfühligkeit)

Dies ist der vorherrschende übersinnliche Sinn bei Empathen und hochsensiblen Menschen. Hellfühligkeit ist die Fähigkeit, Botschaften über Emotionen, Gefühle und körperliche Empfindungen wahrzunehmen oder zu empfangen. Nehmen wir zum Beispiel an, an Ihrem Arbeitsplatz werden Veränderungen vorgenommen. Diese Veränderungen bedeuten, dass einige Mitarbeiter entlassen oder in eine andere Niederlassung versetzt werden. Natürlich sind alle frustriert und angespannt, aber für Sie ist es noch schlimmer. Sie sind gestresst und ängstlich. Sie fühlen sich ausgelaugt, aber Sie wissen nicht, warum. Sie haben das Gefühl, verrückt zu werden, weil Sie nicht wissen, warum Sie auf die Veränderungen viel schlechter reagieren als Ihre Kollegen.

In einem Szenario wie diesem ist die Wahrscheinlichkeit hoch, dass Sie hellsichtig sind. Obwohl Sie es nicht wissen, saugen Sie die Emotionen auf, die alle anderen an Ihrem Arbeitsplatz empfinden. Stellen Sie sich nun vor, dass all diese Emotionen von mehreren Menschen gleichzeitig durch den Kopf einer Person gehen. Das ist für die fragliche Person selbstverständlich auslaugend und erschöpfend.

Hellfühlige Hellseher können jedes Gefühl, jede Emotion, jede Empfindung und jede Energie um sie herum wahrnehmen, egal wie subtil diese Dinge sind. Sie brauchen oft Zeit für sich, um sich zu erholen, nachdem sie Zeit mit anderen Menschen verbracht haben. Es fällt ihnen schwer, die Nachrichten oder tragische Filme zu sehen, weil sie die Emotionen der Figuren intensiver spüren als normale Menschen. Glücklicherweise gehört die Hellfühligkeit zu den weniger bekannten übersinnlichen Fähigkeiten, so dass sie in Filmen nicht so häufig falsch dargestellt wird.

Ein Hellsichtiger empfängt intuitive Botschaften durch Spüren. Wenn Sie typischerweise ein bestimmtes Gefühl für Menschen, Orte oder Objekte haben, könnten Sie ein hellfühliger Hellseher sein. Hellfühlig zu sein bedeutet, dass man weiß, wie sich jemand fühlt, bevor er überhaupt ein Wort darüber zu einer anderen Person gesagt hat. Ein typischer Hellseher könnte Hungergefühle in seinem Magen verspüren, wenn er an Obdachlosen vorbeigeht. Oder er wird traurig, wenn er tragische Nachrichten im Fernsehen sieht.

Wenn Sie hellseherisch veranlagt sind, hatten Sie wahrscheinlich schon einmal ein hellseherisches Erlebnis und wussten nur nicht, was es war. Sie wissen zum Beispiel, dass Sie viel zu traurig werden, wenn Sie traurige Filme sehen, aber Sie haben keine Ahnung, warum Sie sich so fühlen. Hier sind ein paar Dinge, die nur hellfühlige Menschen erleben.

- Emotionalen oder körperlichen Schmerz, den andere Menschen empfinden, fühlen.
- Sie haben genaue instinktive Gefühle als Reaktion auf Menschen, Orte, Objekte oder Situationen.
- Es fällt Ihnen schwer, sich in Menschenmengen zurechtzufinden, weil Sie von Ihren Gefühlen überwältigt werden.
- Sie fühlen sich ausgelaugt, wenn Sie unter Menschen sind.
- Sie fühlen sich ausgelaugt, wenn Sie die Nachrichten sehen.

Wenn Sie von Ihren Freunden als übermäßig emotional bezeichnet werden, sind Sie wahrscheinlich ein hellfühliger Hellseher. Das Gute an der Hellsichtigkeit ist, dass Sie, sobald Sie davon erfahren, trainieren können, um weniger empfänglich für die Gefühle und Energien der Menschen um Sie herum zu werden.

Die hellfühige Fähigkeit klingt vielleicht nicht so glamourös wie andere Arten, bei denen man Geister sehen oder hören kann, aber sie hat ihre Vorteile. Wenn Sie Ihre Hellsichtigkeit weiterentwickeln, werden Sie feststellen, dass Sie diese Gabe nutzen können, um anderen Menschen zu helfen. Sie können sie auch nutzen, um geistige Führung von oben zu erhalten.

Claircognizance (Hellwissen)

Beenden Sie oft die Sätze anderer Leute halbwegs durch deren Satz? Liegen Sie instinktiv immer richtig? Wenn Sie feststellen, dass Sie Dinge „einfach wissen", ist das Hellwissen wahrscheinlich Ihre Art der spirituellen Kommunikation, beziehungsweise einer Ihrer dominanten Sinne. Claircognizance ist die Fähigkeit des übersinnlichen Wissens. Sie ist die vierte der wichtigsten übersinnlichen Fähigkeiten. Es handelt sich um eine Fähigkeit, die es Ihnen erlaubt, etwas zu wissen, ohne dass es eine logische Erklärung für den Ursprung dieses Wissens gibt. Claircognizance resultiert aus einem starken Bauchgefühl. Intuitionen sind bei hellwissenden Hellsehern oft stärker als bei anderen Sinnen. Wenn ein solcher Hellseher ein Bauchgefühl bekommt, ist es oft so stark, dass er es nicht abtun kann, selbst wenn er es wollte.

Als Hellwissender „weiß" man Dinge, ohne eine Erklärung dafür zu haben, woher man sie weiß. Es ist, als ob Gedanken und Ideen einfach im eigenen Kopf auftauchen. Das Besondere an hellsichtigen Botschaften ist, dass sie normalerweise spezifisch sind. Wenn Sie an Hellsichtigkeit denken, stellen Sie sich Informationen, Ideen und Fakten vor, die in Ihrem Bewusstsein oder Ihrer Wahrnehmung über andere Menschen und Umstände auftauchen. Diese Informationen erscheinen Ihnen oft wie inspirierte Ideen, die Ihrem eigenen Geist auf unerklärliche Art entsprungen sind. Zum Beispiel wissen Sie einfach, dass Sie einer Person nicht trauen können, und am Ende haben Sie recht. Oder Sie haben das Gefühl, etwas über eine freie Stelle zu wissen, und bewerben sich auf diese Stelle. Normalerweise erscheinen hellseherische Botschaften in Ihrem Kopf wie eine Glühbirne, die plötzlich aufleuchtet und im Handumdrehen wieder erlischt. Sie sind in der Regel zufällig und können jederzeit auftreten, egal ob Sie gerade arbeiten, einen Film sehen, essen oder etwas tun, das nichts mit der Botschaft zu tun hat.

Die Grenze zwischen normalen Gedanken und hellsichtigen Botschaften kann fließend sein, was bedeutet, dass es Ihnen schwerfallen kann, sie zu unterscheiden. Der menschliche Verstand verfügt über sich wiederholende Gedanken, die uns schützen sollen. Es ist leicht, hellsichtige Botschaften mit dieser Art von Gedanken zu verwechseln, aber sie sind voneinander zu unterscheiden. Um zu wissen, ob Ihre Gedanken nur Gedanken oder hellsichtige Botschaften sind, finden Sie hier sechs Anzeichen, die Ihnen bei der Unterscheidung helfen können.

- **Genaue Instinkte:** Als Menschen haben wir alle Instinkte, die unser Überleben sichern sollen. Diese Instinkte werden durch unsere Erziehung, unsere Erfahrungen und manchmal auch durch unser Erbgut geformt und entwickelt. Doch manchmal erweisen sie sich als falsch. Dies ist das Gegenteil von Hellwissen. Als hellwissende Hellseher sind Ihre Instinkte immer richtig. Sie können ein Ereignis, das noch nicht eingetreten ist, einfach aufgrund Ihres Bauchgefühls vorhersagen, denn so stark ist die Genauigkeit Ihrer Intuition. Hellsichtigkeit bedeutet, dass Sie einfach wissen, wann Sie ein Angebot nicht annehmen, nicht auf eine Party gehen oder der Person, die ein Geschäft mit Ihnen abschließen will, nicht vertrauen sollten. Sie wissen nicht, warum, aber Sie wissen, es ist wahr.

- **Lügen aufdecken**: Hellwissende Hellseher sind die Verkörperung eines menschlichen Lügendetektors. Wenn Sie immer wissen, wenn jemand Ihnen gegenüber unehrlich ist, kann das ein Zeichen dafür sein, dass Sie die Gabe der Hellsichtigkeit besitzen. Denken Sie daran, dass diese Gabe mit einigen anderen übersinnlichen Sinnen übereinstimmt, so dass Sie sie mit den anderen Zeichen vergleichen müssen, bevor Sie feststellen, ob Sie hellwissend sind. Die Gabe der Claircognizance bedeutet, dass Sie immer wissen, wenn jemand lügt oder Ihnen gegenüber unaufrichtig ist. Ihnen entgeht nichts. Aus diesem Grund werden die Menschen Ihren Aussagen oder Ansichten über andere leicht vertrauen.

- **Zufällige Ideen und Lösungen**: Nehmen wir an, Sie haben ein Problem, das Sie zu lösen versuchen. Sie haben stundenlang an dem Problem gearbeitet, aber Sie können es nicht lösen. Plötzlich kommt Ihnen eine Idee für die Lösung in den Sinn. Schnell wenden Sie diese Idee an, und es stellt sich heraus, dass sie richtig lagen. Wenn Ihnen das beschriebene Szenario schon ein- oder zweimal begegnet ist, sind Sie möglicherweise hellwissend. Wenn Ihnen oft zufällige Ideen und Vorschläge in den Sinn kommen, die Ihnen helfen, ein Problem zu lösen oder eine Entscheidung zu treffen, ist das ein deutliches Zeichen. Hellwissende Hellseher empfangen Botschaften in Form von Gedanken, Ideen oder Vorschlägen, die ihnen in den Sinn kommen. Das Spannende daran ist, dass diese Botschaften zu jeder Tageszeit eintreffen können. Es kann sein, dass Sie zufällig eine Botschaft erhalten, während Sie die letzte Folge Ihrer Lieblingsserie im Fernsehen sehen oder sogar, während Sie trainieren. Wenn diese Ideen zufällig auftauchen, ist das Beste, was Sie tun können, sie zu beobachten und zu versuchen, zu interpretieren, was diese bedeuten. Da die Claircognizance eng mit dem Bauchgefühl zusammenarbeitet, werden Sie höchstwahrscheinlich immer wissen, worum es in der Botschaft geht. Normalerweise sind hellsichtige Botschaften sehr spezifisch.

Die Einstimmung auf Ihre Hellsichtigkeit ist eine der besten Möglichkeiten, Ihre übersinnlichen Fähigkeiten zu wecken oder zu entwickeln. Es macht ehrlich gesagt alles viel einfacher für Sie. Achten Sie also immer auf Ihr Bauchgefühl und nutzen Sie es, um sich mit Ihrem Hellwissen zu verbinden.

Clairalience (Hellgeruch)

Einer der mächtigsten Sinne sowohl im physischen als auch im spirituellen Bereich ist der Geruchssinn. Er kann auf unglaubliche Weise Gefühle und Erinnerungen wecken. Ob es der Duft eines frisch gemähten Rasens oder die Lieblingssuppe Ihrer Großmutter ist, bestimmte Düfte haben eine tiefere Bedeutung für Sie. Clairalience ist der übersinnliche Geruchssinn, der bei den meisten Menschen auftritt, unabhängig davon, ob sie mit ihrer übersinnlichen Seite in Einklang stehen oder nicht. Oft ist er eine Art Führung oder ein Zeichen Ihres Geistführers. Obwohl er nicht so weit verbreitet oder bekannt ist, wie man früher dachte, ist der Hellgeruch eine wunderbare Fähigkeit, von der Sie in vielerlei Hinsicht profitieren können.

Hellriechende Menschen stellen oft fest, dass sie Dinge erschnüffeln und riechen können, die für andere nicht wahrnehmbar sind. Oft enthalten die Düfte oder Gerüche göttliche Botschaften oder Informationen aus der übersinnlichen Sphäre. Ob Sie diese Gabe haben, können Sie daran erkennen, wie verschiedene Gerüche Ihre Stimmung beeinflussen. Finden Sie, dass manche Gerüche für Sie angenehm sind, während andere abstoßend wirken? Wenn Sie auf die Sie umgebenden Gerüche achten, werden Sie wahrscheinlich geheime Botschaften finden. Sie können feststellen, ob Sie Hellgeruch besitzen, indem Sie beobachten, wie Sie sich vor, während und nach der Wahrnehmung von bestimmten Gerüchen fühlen. Wenn Sie wiederholt einen bestimmten Geruch aus Ihrer Umgebung wahrnehmen, könnte es sich um Ihren Geistführer oder einen verstorbenen geliebten Menschen handeln, der versucht, Ihnen Informationen zu übermitteln.

Ein typisches Beispiel für Hellgeruch ist, wenn Sie noch Tage nach der Beerdigung Ihres verstorbenen Großvaters immer wieder sein Lieblingsparfüm riechen. Wenn Sie immer wieder einen Duft wahrnehmen, der Sie an einen geliebten Menschen erinnert, der verstorben ist, ist das ein mögliches Zeichen dafür, dass der Geist dieser Person in Ihrer Nähe ist. Es könnte auch bedeuten, dass ein Geist versucht, Ihnen etwas mitzuteilen. Hier müssen Sie geduldig sein und versuchen zu deuten, was die mögliche Bedeutung des Geruchs sein könnte. Der Geruch kann alles sein, vom Lieblingskeks bis zur Lieblingstabakmarke. Es war etwas, das ihnen zu Lebzeiten wichtig war. Wann immer Sie so etwas erleben, ist es richtig, dies anzuerkennen. Erkennen Sie seine Anwesenheit an und versuchen Sie, mit dem Geist zu kommunizieren. Sie können sich auch an Ihre schönsten Erinnerungen mit der Person erinnern. Das Erlebnis kann kurz oder lang sein, aber wichtig ist, dass Sie diesen Moment nutzen, um die Person wissen zu lassen, dass Sie ihre Anwesenheit spüren. Die Geister werden diese einfache Geste Ihrerseits zu schätzen wissen.

Manchmal kommunizieren die Engel mit Ihnen durch Clairalience. Wenn Clairalience Ihre dominante übersinnliche Fähigkeit ist, kann Ihr Engel einen Geruch senden, wenn er in Ihrer

Nähe ist. Der Geruch ist wahrscheinlich ein subtiler und süßer Blumenduft. Wenn Sie einen solchen Geruch wahrnehmen, der keine physische Quelle hat, ist das ein Hinweis auf die Anwesenheit eines höheren Wesens aus einer anderen Dimension. Auf alle Gerüche zu achten, denen Sie täglich begegne, ist der Schlüssel zu Ihrer Selbstschulung. Wenn Sie diese Gabe entwickeln, können Sie sie nutzen, um eine Reihe von Dingen zu erreichen.

Erstens können Sie mit Hilfe von Ihrem Hellgeruch Erinnerungen abrufen, die sonst nur schwer abrufbar sind. Ein einfacher Geruch kann eine Welle von Erinnerungen an eine Person oder einen Umstand hervorrufen, die Sie auf Ihrer bewussten Ebene fast vergessen haben. Es kann etwas so einfach sein, wie das Lieblingsparfüm eines Partners zu riechen und sofort seine Gegenwart zu spüren. Es kann aber auch vorkommen, dass Sie etwas riechen, das eine verdrängte Kindheitserinnerung auslöst und zurückbringt.

Mit Gerüchen kann man manchmal auch andere Menschen einschätzen. Man kann sich anhand des Geruchs schnell ein Bild von einer Person machen. Anhand des Geruchs kann man erkennen, ob jemand unehrlich ist, indem man seinen Geruch benutzt, um dessen Intentionen zu erahnen. Egal wie subtil ein Geruch ist, Sie können ihn immer nutzen, um zu wissen, ob sich die Person unwohl fühlt, krank ist, Angst hat, lügt oder in Sie verliebt ist. Sie können ihre Gefühle und Gedanken buchstäblich „riechen".

Der Hellgeruch ermöglicht es Ihnen, Energie zu spüren. Manchmal geht man in den Raum einer anderen Person und merkt sofort, dass man sich in diesem Raum nicht wohl fühlt. Zuerst wissen Sie vielleicht nicht, warum Sie sich so unwohl fühlen. Aber wenn Sie sich auf Ihren übersinnlichen Geruchssinn verlassen, können Sie eine Menge an geheimen Informationen über das Zimmer erfahren, darüber, warum Sie sich dort unwohl fühlen. Clairalience befähigt Sie, Gefahr zu „riechen", im wahrsten Sinne des Wortes. Genauso wie Sie Lebensmittel riechen und sofort erkennen können, ob sie verdorben oder genießbar sind, können Sie Ihren hellseherischen Geruchssinn einsetzen, um Gefahr zu riechen. Selbst wenn Sie nicht definieren können, was Sie in diesem Moment wahrnehmen, vertrauen Sie Ihrem Gefühl, das Ihnen sagt, dass etwas nicht stimmt.

Jeder Mensch, auch Sie selbst, verströmt einen natürlichen Duft, der von seinen Energieschwingungen herrührt. Auch wenn

Clairalience nicht Ihre dominante Fähigkeit ist, können Sie den Geruch von allem, was Sie mit Energie umgibt, wahrnehmen. Wenn Sie aber hellsichtig sind, können Sie Gerüche wahrnehmen, die viel stärker sind als die gewöhnlichen Düfte in Ihrer Umgebung. Mit dieser Fähigkeit können Sie die Stimmungen anderer Menschen verändern, indem Sie Ihren natürlichen Geruch mit dem ihren in Einklang bringen. Das ist eine mächtige Gabe, mit der Sie die Stimmung von Menschen beeinflussen können, die Trost und Unterstützung von Ihnen brauchen.

Clairgustance (Hellgeschmack)

Der Begriff Clairgustance bezieht sich auf die außersinnliche Wahrnehmung von Geschmäckern. Jedes Mal, wenn Sie ein Lebensmittel oder einen Gegenstand in den Mund nehmen, schmecken Sie unbewusst die zugehörige Energie und den Geschmack. Aber Clairgustance geht darüber hinaus. Sie konzentriert sich mehr auf die Empfindungen eines bestimmten Geschmacks, den Sie in Ihrem Mund wahrnehmen, auch wenn Sie nichts im Mund haben. Wenn der Hellgeschmack Ihre dominante spirituelle Fähigkeit ist, bedeutet das, dass Sie potenziell die Energien aller energetischen Dinge im Universum schmecken können. Das bedeutet, dass Sie regelmäßig zufällige Geschmäcker in Ihrem Mund empfangen. Oft sind die Geschmäcker, die Sie erhalten, mit jemandem verbunden, den Sie kennen, oder mit einer Erfahrung, die Sie gemacht haben. Wenn Sie zum Beispiel den Geschmack der Suppe wahrnehmen, die Ihre verstorbene Großmutter zu Lebzeiten am liebsten für Sie gekocht hat, ist das ein klares Zeichen für einen Hellgeschmackssinn. Wie beim Hellgeruch ist auch diese übersinnliche Fähigkeit eine Art und Weise, wie Ihr Geistteam mit Ihnen kommuniziert.

Um die Botschaft zu erkennen und die Bedeutung herauszufinden, müssen Sie selbst ein wenig Detektivarbeit leisten. Achten Sie auf den Geschmack, den Sie wahrnehmen - haben Sie den Geschmack zufällig zu einer bestimmten Tageszeit im Mund? An wen erinnert Sie der Geschmack? Die Möglichkeiten und Interpretationsansätze sind endlos, aber Sie werden die Bedeutung entschlüsseln, wenn Sie sich die Mühe machen. Manchmal kann der Geschmack eine Bedeutungsebene zu einem breiteren Kontext in Übereinstimmung mit einem anderen psychischen Sinn hinzufügen – zwei spirituelle Sinne können also auch in Kombination miteinander auftreten.

Ganz gleich, welcher Art Ihre übersinnlichen Fähigkeiten sind, mit etwas Übung und Geduld können Sie Ihre Sinne schärfen und verbessern. Dabei spielt es keine Rolle, ob Sie ein Anfänger sind, der gerade erst damit beginnt, seine Spiritualität zu erkennen, oder jemand, der bereits ein wenig Wissen über übersinnliche Fähigkeiten hat. Wenn Sie mehr als einen der übersinnlichen Sinne haben, haben Sie Glück. Aber auch wenn Sie nur einen dominanten Sinn haben, können Sie sich darin üben, alle übersinnlichen Sinne zu entwickeln. Sie verfügen von Natur aus über all diese Sinne. Selbst wenn Hellsehen Ihre dominante Fähigkeit ist, können Sie die anderen hellseherischen Sinne genauso entwickeln wie Ihre hellsichtige Fähigkeit.

Kapitel 4: Das Auffinden und Lösen von Blockaden

Der Beginn Ihres übersinnlichen Erwachens ist immer ein interessanter Prozess. Sie beginnen, sich für Spiritualität zu interessieren, entdecken sich selbst und arbeiten an der Entwicklung Ihrer intuitiven und übersinnlichen Fähigkeiten. Natürlich sind Sie aufgeregt, denn Sie können es kaum erwarten, Ihre Gaben endlich einzusetzen. Sie befinden sich in der Flitterwochenphase des spirituellen Entwicklungsprozesses. Sie sind sich sicher, dass Sie bereits eine starke Verbindung zu Ihren übersinnlichen Sinnen aufbauen. Es gibt nichts Aufregenderes als dieses Gefühl, aber plötzlich stellen Sie fest, dass Sie keine intuitiven Hinweise empfangen können. Egal wie viel Sie üben und meditieren, Sie sehen nichts, was Ihnen das Gefühl gibt, dass sich Ihre harte Arbeit und Ihre Hingabe auszahlen. Schließlich verlieren Sie das Interesse daran, Hellseher zu werden. Sie denken sich: „Was soll das bringen? Es funktioniert doch gar nicht."

Das oben Gesagte ist eine kurze Beschreibung dessen, was die meisten Menschen durchmachen, wenn sie beginnen, ihre übersinnlichen Fähigkeiten zu entwickeln. Die Anfangsphase kann aufregend sein. Aber wenn Sie an den Punkt kommen, an dem Sie das Gefühl haben, dass Sie hellseherische Hinweise hätten erhalten sollen, ist es vielleicht nicht mehr so aufregend für Sie, wie es einmal war. Wenn sich viele Menschen in dieser Situation befinden, ist ihre erste Schlussfolgerung, dass übersinnliche Fähigkeiten nicht real sind, aber sie sind so real wie der Mond, die Sonne und andere fantastische Schöpfungen der Natur, die uns alle umgeben. Das Problem ist, dass diese Menschen aufgrund von psychischen und energetischen Blockaden keinen Zugang zu ihren Gaben haben. Bevor Sie sich in der gleichen Situation wiederfinden, in der Sie den Glauben nicht bewahren können, weil Sie die Grundlage der Dinge nicht kennen, sollten Sie alles über diese Blockaden lernen. Noch wichtiger ist, dass Sie wissen, warum sie Ihnen den Zugang zu Ihren übersinnlichen Gaben verwehren und wie Sie sie loswerden können.

Damit Sie verstehen, was eine psychische Blockade ist, muss ich Sie daran erinnern, was die Macht der spirituellen Fähigkeiten für Sie bedeutet. Zu Beginn dieses Buches habe ich kategorisch erklärt, dass übersinnliche Fähigkeiten aus der Persönlichkeitsenergie unserer Seele stammen. Sie mögen einen menschlichen Körper haben, aber in erster Linie sind Sie eine Seele in einem physischen Körper, die menschliche Erfahrungen macht. Standardmäßig wurden Sie als hochschwingendes Wesen erschaffen. Das macht Sie psychisch offen für Ihre Umgebung. Als Kind ist Ihre Verbindung aufgrund Ihrer Offenheit, Reinheit und Unschuld stärker, aber wenn Sie älter werden, beginnen Sie, Ihre psychische Verbindung zum Universum durch negative Umprogrammierung und destruktive gesellschaftliche Erwartungen zu verlieren. Stellen Sie sich ein Beispiel vor: Sie haben ein neues Haus mit neuen Fensterscheiben, die so klar sind wie das Tageslicht. Wenn Sie sie nicht benutzen, sammeln die Fensterscheiben Staub an, und schließlich verlieren Sie die klare Sicht.

Metaphorisch gesehen ist der Staub in diesem Zusammenhang das, was man als psychische Blockade bezeichnet. Diese Blockaden machen es Ihnen schwer oder fast unmöglich, auf Ihre intuitiven und spirituellen Gaben zuzugreifen. Wenn Sie die Blockade nicht finden und auflösen, werden Sie vielleicht nie Zugang zu Ihren übersinnlichen Sinnen haben oder sie für irgendetwas nutzen und richtig einsetzen lernen. Viele Menschen sind sich ihrer übersinnlichen Gaben nicht einmal bewusst, weil die Blockaden sie daran hindern, die elementarsten übersinnlichen Erfahrungen zu machen.

Es gibt verschiedene Ursachen für eine solche Blockaden, aber zu den häufigsten gehören Emotionen. Bei manchen Menschen wird eine Blockade auch durch körperliche Gründe verursacht. Ihre Emotionen können den natürlichen Energiefluss in Ihrem System stören, und sie spielen eine wichtige Rolle für Ihre Erfahrungen und Ihr Leben. Positive Emotionen verbessern in der Regel den Energiefluss, indem sie das Energieniveau erhöhen. Dazu gehören Gefühle wie Freude, Glück, Aufregung, Empathie, Mitgefühl, Hoffnung usw. Es ist bekannt, dass positive Emotionen auch Menschen mit ähnlich positiver Energie anziehen. Negative Emotionen wie Angst, Wut, Sorge, Hass und Furcht entziehen Ihnen Ihren spirituellen Willen.

Irgendwann in Ihrem Leben müssen Sie Ihre Gefühle unterdrückt haben. Wir alle haben im Allgemeinen die Fähigkeit entwickelt, unsere Emotionen in der Kindheit aufgrund verschiedener Faktoren zu unterdrücken. Wir sind uns nicht bewusst, dass die Unterdrückung von Emotionen unsere Fähigkeit, auf unsere übersinnlichen Fähigkeiten zuzugreifen, beeinträchtigen kann. Ihre Emotionen sind dazu da, ausgedrückt und nicht unterdrückt zu werden. Sie brauchen ein Ventil. Wenn Sie Ihre Emotionen unterdrücken oder verdrängen, speichert Ihr Körper alle Gefühle intern, und sie werden zu einer Blockade. Wenn Sie diese Blockade nicht auflösen, kann sie sich in körperlichen Symptomen wie Angst, Schmerzen, Migräne, chronischen Schmerzen usw. äußern. Was noch wichtiger ist: Sie blockieren den Zugang zu Ihren spirituellen Gaben.

Im Gegensatz zu dem, was am Anfang dieses Kapitels beschrieben wurde, fangen manche Menschen ihr Training gut an. Ihnen gelingen intuitiv Treffer, und dann hören die Treffer plötzlich auf, und sie haben keinen Zugang mehr zu ihrem übersinnlichen Sinn. Hier fragen Sie sich vielleicht, was schiefgelaufen ist. Die Antwort geht zurück auf die Analogie mit der Fensterscheibe, die ich vorhin beschrieben habe. Sie werden mit ungehindertem Zugang zu Ihrem Geist oder Ihrer Seele geboren. Dann beginnen Sie, sich Überzeugungen, Ideen und Meinungen anzueignen, die Sie an den Möglichkeiten Ihrer Gaben zweifeln lassen. Außerdem treffen Sie auf negative Menschen und machen negative Erfahrungen. Das ist der Zeitpunkt, an dem der Staub beginnt, Ihre Sicht zu verschlechtern.

Wenn Sie mit der spirituellen Entdeckung beginnen und Ihr übersinnliches Erwachen startet, reinigen Sie den Staub auf der Fensterscheibe. Je mehr Sie trainieren, desto klarer wird das Fenster (das Fenster steht für die angeborene Spiritualität). Was passiert also, wenn Sie mit dem Putzen weitermachen und dann auf halbem Weg aufhören? Das Fenster sammelt wieder Staub an. Das Gleiche gilt für psychische Blockaden. Angenommen, Sie üben viel, aber Sie sind nicht konsequent bei der Sache. In dem Fall gibt es keine Möglichkeit, das Hindernis zwischen Ihnen und Ihrer spirituellen Verbindung mit der Energie des Universums zu durchbrechen.

Sie sind nicht perfekt, niemand ist das. Auch die Welt ist nicht perfekt. Es ist ganz normal, dass Sie sich jeden Tag unbewusst eine Meinung über die Dinge bilden, wenn Sie Menschen treffen, mit ihnen interagieren und verschiedene Situationen durchleben. Manchmal haben Sie diese Meinungen aber auch ganz bewusst. Manche Begegnungen können dazu führen, dass Sie Emotionen mit niedrigen Schwingungen erleben, wie zum Beispiel Wut, Angst, Zweifel, Stress, Misstrauen, Verurteilung und andere Gefühle. Ihre Spiritualität kann sich nicht mit den niedrig schwingenden Emotionen in Einklang bringen, weil sie auf einer höheren Schwingungsebene arbeitet. Daher konzentriert sie sich auf Gefühle wie Liebe, Freude, Glück und Glauben. Dies sind Gefühle mit höheren Schwingungen.

Es gibt verschiedene Arten von Blockaden. Der Ort, an dem sich die Blockade befindet, bestimmt, wie die Blockade genannt wird. Manche Blockaden sind sichtbar, das heißt, sie sind leicht zu finden. Andere sind nicht so sichtbar, was bedeutet, dass sie Ihr Leben beeinträchtigen können, während Sie sie aufgrund ihrer Unsichtbarkeit nicht lokalisieren können. Im Folgenden finden Sie zehn Arten von psychischen Blockaden und Informationen dazu, wo Sie sie in Ihrem System lokalisieren können. Nachdem wir besprochen haben, wie Sie die Blockaden aufspüren können, werden wir uns damit befassen, wie Sie sie auflösen und Zugang zu Ihren übersinnlichen Sinnen erhalten können.

Blockaden der Aura

Psychische Blockaden entstehen im Feld der Aura durch eine Verzerrung der Energie. Blockaden in den Schichten der Aura treten bei vielen Menschen häufig auf. Sie entstehen in der Regel dadurch, dass die innere Energie langsamer wird und sich festsetzt. Sie treten auch dann auf, wenn negative Energien von außen in die Aura eindringen. Beispiele dafür sind Abdrücke und Anhaftungen wie Implantate oder ätherische Schnüre. Wenn es eine Blockade in der Aura gibt, können Symptome auftreten, die mit der Energie, die die Blockade verursacht hat, oder mit dem Ort, an dem sich die Blockade befindet, zusammenhängen. Eine der besten Methoden, um Blockaden der Aura zu beseitigen, besteht darin, die Aura zu reinigen, sie zu reparieren, Anhaftungen zu entfernen und die Frequenz wieder richtig einzustellen. Noch wichtiger ist, dass man die Aura pflegt, um sie gesund zu halten.

Chakra-Blockade

Die Chakren sind Teil der Energiekompositionen, aus denen Ihr Energiefeld und Ihr Körper bestehen. Die Energie fließt durch die Chakren in Ihre Energiekörper und durch Ihren irdischen Körper. Es gibt sieben Chakren in diesem System, und jedes Chakra hat verschiedene Symptome, die eine Energieblockade darstellen. Wenn es in einem der Chakren eine Blockade gibt, wirkt sich das auf das gesamte Chakren-System aus. Aber das ist noch nicht alles. Es wirkt sich auch auf Ihre körperliche und geistige Gesundheit aus. Ein blockiertes Chakra stört die Funktionen Ihres gesamten Nervensystems, weil es Ihre Fähigkeit einschränkt, Energie auszustrahlen und einzufangen. Das wiederum senkt Ihre Schwingung und macht es Ihnen unmöglich, sich mit Ihrem Geist in Einklang zu bringen. Um jegliche Blockade in den Chakren zu lösen, müssen Sie Ihre Chakren klären, öffnen, ausrichten und ausbalancieren. Sobald Ihre Chakren offen und ausgeglichen sind, werden sie ihren gesunden Zustand von selbst beibehalten.

Emotionale Blockade

Emotionale Blockaden treten in mehreren feinstofflichen Energiekörpern gleichzeitig auf, was sie komplizierter macht als die meisten anderen Arten von Blockaden. Aber der Hauptort ist normalerweise die emotionale Schicht der Aura. Wenn es eine Blockade im Emotionalkörper gibt, wirkt sie sich ungewollt auf die Chakren aus, insbesondere auf das Sakralchakra und die Meridiane. Die aurischen Schichten überdecken einander, was bedeutet, dass die Energie durch einige gehen muss, um andere zu erreichen. Wenn eine Schicht blockiert ist, kann die Energie nicht mehr zu allen zentralen Punkten des Körpers zirkuliert werden. Man kann diese emotionalen Blockaden auflösen, indem Sie die Emotionen loslassen, die Sie in dieser Schicht unterdrücken. Außerdem müssen Sie einen ganzheitlichen Ansatz verfolgen, indem Sie mit Ihren anderen Energiekörpern arbeiten, um eine tiefe emotionale Reinigung durchzuführen.

Mentale Blockade

Die mentale Blockade tritt normalerweise im Mentalkörper auf, der eine weitere der sieben Aura-Schichten darstellt. Jede Blockade in der mentalen Schicht wirkt sich wiederum auf Ihr Unterbewusstsein aus. Ihr Unterbewusstsein verarbeitet jeden Tag 90 Prozent Ihrer Gedanken, auch wenn Sie sich normalerweise nicht bewusst sind, dass Sie diese Gedanken haben. So kann es leicht zu einer mentalen Blockade kommen, ohne dass Sie es überhaupt merken. Um festzustellen, ob Sie eine mentale Blockade haben, achten Sie am besten auf Ihre Gedanken und sehen, wie sie Ihre Gefühle, Handlungen und Reaktionen beeinflussen. Eine Blockade auf der mentalen Ebene kann eine Blockade auf der emotionalen Ebene verursachen. Sie müssen also wissen, was in Ihrem Kopf vorgeht. Wenn es ein Muster von negativem Denken gibt, könnte das das Problem sein. Die Lösung besteht darin, dieses Muster aufzulösen und dann ein positives Gedankenmuster zu bilden. Sie müssen auch die Blockade in Ihrer mentalen Ebene auflösen und sie dann reparieren und ihr heilen helfen.

Meridian Blockade

Meridiane sind wie kleine Ströme, die Energie um die Energiekörper in der physischen Ebene herumführen. Jedem Meridian werden bestimmte Qualitäten zugeschrieben. Wenn eine Meridianblockade auftritt, wirkt sie sich typischerweise auf die Qualitäten aus. In den meisten Fällen verursachen Emotionen Blockaden in den Meridianen; mit anderen Worten, emotionale Energie wird in den Meridianen blockiert. Wenn Sie also an der Klärung Ihrer Emotionen arbeiten, sollten Sie diesen Moment auch nutzen, um die Meridiane zu klären. Dadurch wird die Klärung so tiefgreifend wie möglich. Sie können an der richtigen Abstimmung zwischen den Meridianen arbeiten, um ihre Gesundheit zu erhalten, indem Sie alle Fehler heilen und reparieren.

Spirituelle Blockade

Spirituelle Blockaden treten an verschiedenen Stellen auf, deshalb müssen Sie genau herausfinden, wo das Problem liegt, um es lösen zu können. Der spirituelle Körper ist anfällig für Energien. Er hat die Tendenz, Energien außerhalb seiner eigenen Operationen aufzunehmen. Das sind Fremdenergien, zu denen normalerweise Prägungen, Anhaftungen und Implantate gehören. Wenn ein Riss in der Aura auftritt, wirkt sich das sehr negativ auf den spirituellen Körper aus. Blockaden in den Chakren und anderen Teilen des Energiesystems können sich ebenfalls auf den spirituellen Körper auswirken. Das bedeutet, dass das Lösen einer spirituellen Blockade nicht mit dem spirituellen Körper selbst zu tun haben muss. Sie müssen die Quelle der Blockade finden, die ein Chakra, eine Aura-Schicht, ein Meridian auslösen kann.

Blockade in der Beziehung

Psychische Blockaden treten manchmal aufgrund Ihrer zwischenmenschlichen Beziehungen auf. Diese Blockaden gehören zu den am schwierigsten zugänglichen und aufzulösenden, da sie sich in der Regel an verschiedenen Stellen in Ihrem Energiesystem befinden. Infolgedessen kann es zu einem energetischen Ungleichgewicht kommen, das Ihre Beziehungsprobleme noch verschlimmert. Beziehungsblockaden sind typischerweise im emotionalen und mentalen Energiekörper zu finden.

Blockade in früheren Leben

Die Blockade eines vergangenen Lebens findet in einer anderen Realität statt, wirkt sich aber auf Ihre gegenwärtige Realität aus. Diese Blockade entsteht durch Handlungen in Ihrem vergangenen Leben. Sie sind eine spirituelle Blockade, die typischerweise Seelenverträge, Familienverbindungen, Erinnerungen oder in den schlimmsten Fällen Flüche beinhaltet. Wenn Sie auf Ihrer psychischen Entwicklungsreise spirituelles Wachstum erreichen wollen, müssen Sie daran arbeiten, Blockaden aus vergangenen Leben zu beseitigen, aber wenn Sie zu sehr auf Ihr vergangenes Leben fixiert sind, könnte das stattdessen ein Zeichen für eine mentale Blockade sein. Was auch immer es ist, das Beste, woran Sie arbeiten können, ist Ihre gegenwärtige Realität.

Nun, da Sie wissen, wie Sie psychische und energetische Blockaden in Ihrem System aufspüren können, müssen Sie lernen, wie Sie die Blockaden lösen. Das ist ein relativ unkomplizierter

Prozess, der mehrere Schritte umfasst. Aber zunächst einmal behandeln wir die Anzeichen dafür, dass sich eine Blockade entwickelt hat:

- Negative Denkmuster
- Selbstzerstörerische Tendenzen
- Stress und Ängste
- Mangel an Energie
- Lethargisches Gefühl
- Sich festgefahren oder eingeschränkt fühlen
- Unberechenbare oder instabile Gefühle und Verhaltensweisen
- Verlust der Entschlusskraft
- Verlust von Motivation und Orientierungssinn

All diese Symptome sind Anzeichen dafür, dass sich Blockaden im Körper aufgrund negativer Emotionen und Störungen des Energieflusses manifestieren und gereinigt werden müssen.

Wie man eine emotionale Blockade löst

Meditation ist eine der wirksamsten Methoden, um emotionale Blockaden zu lösen. Aber der Prozess geht über einen einfachen meditativen Prozess hinaus. Es kann sein, dass Sie die Schritte, die wir hier besprechen werden, ein paar Mal durchführen müssen, bevor Sie die Blockade endgültig loswerden.

Die meditative Übung besteht aus fünf Schritten. Bevor Sie beginnen, suchen Sie sich einen ruhigen Ort, an dem Sie während der Übung nicht unterbrochen oder belästigt werden. Nehmen Sie dann eine Sitzposition ein, die stabil und bequem ist. Am besten ist es, aufrecht auf einem Stuhl oder auf dem Boden zu sitzen, je nachdem, was Sie bevorzugen, aber ein Stuhl ist auf lange Sicht wahrscheinlich bequemer. Fußböden werden schnell kalt. Seien Sie entspannt und schließen Sie sanft die Augen. Bleiben Sie mindestens eine Minute lang in dieser Position sitzen und konzentrieren Sie sich auf Ihre Atmung. Sie können ein Mantra verwenden oder darauf verzichten. Bleiben Sie einige Zeit in dieser entspannten Position und beginnen Sie dann damit, vorsichtig Ihre emotionale(n) Blockade(n) aufzulösen.

Finden Sie die Emotion

Der erste Schritt besteht darin, die Emotion zu lokalisieren. Denken Sie mit geschlossenen Augen über Erlebnisse nach, die eine negative Reaktion oder ein Gefühl in Ihnen ausgelöst haben könnten. Das kann ein Streit bei der Arbeit sein oder eine Situation, in der Sie von jemandem schlecht behandelt wurden und Sie Groll verspürten. Denken Sie mindestens 30 Sekunden lang an den Vorfall, der Ihnen zuerst in den Sinn kommt. Versuchen Sie, sich so lebhaft wie möglich an die Details zu erinnern. In diesem Moment sind Sie eher Beobachter als Teilnehmer. Sie erleben das Geschehen aus einer anderen Perspektive. Auf diese Weise können Sie die Emotionen erkennen, die Sie während des Vorfalls ausgedrückt haben. Identifizieren Sie das genaue Gefühl, das Sie in diesem Moment erlebt haben. Geben Sie dem Gefühl eine Bezeichnung. Die Bezeichnung sollte präzise und spezifisch sein.

Sich der Erfahrung bewusst werden

Bewegen Sie Ihre Aufmerksamkeit langsam von der Bezeichnung, die Sie gewählt haben, weg. Lenken Sie Ihre Aufmerksamkeit auf Ihren physischen Körper und werden Sie sich der Empfindungen bewusst, die er produziert. Die Empfindungen entstehen durch die Emotion, die Sie gerade identifiziert haben, also achten Sie auf sie. Diese beiden Dinge, die Sie in diesem Moment erleben - eine Bezeichnung in Ihrem Geist und die körperlichen Empfindungen in Ihrem Körper - sind die genaue Darstellung dessen, was eine Emotion ist. Sie können das eine nicht vom anderen trennen, denn Emotionen sind sowohl eine kognitive als auch eine physiologische Erfahrung. Deshalb werden Emotionen auch Gefühle genannt, weil Sie sie in Ihrem Körper spüren können, während Sie sie erleben. Achten Sie auf Ihren Körper, wenn Sie sich an das Erlebnis erinnern. Achten Sie auf jeden Teil Ihres Körpers, an dem sich die Empfindungen aufbauen. Es kann ein Druck auf der Brust sein oder ein Engegefühl im Bauch. Vielleicht spüren Sie sogar einen Druck in der Kehle. Jeder Punkt, an dem Sie diese Empfindungen spüren, ist ein Ort, an dem die Emotion unterdrückt wird, was dann eine psychische Blockade verursacht.

Die Emotion ausdrücken

Wenn Sie das unterdrückte Gefühl gefunden haben, müssen Sie es „ausdrücken". Legen Sie dazu Ihre Hand auf die Stelle Ihres Körpers, an der Sie die intensivste oder spürbarste Empfindung haben. Das ist genau die Stelle, an der sich die Blockade befindet. Wenn Sie feststellen, dass die Blockade an mehr als einer Stelle sitzt, bewegen Sie Ihre Hand von einer Stelle zur anderen, bis Sie alle Punkte erreicht haben. Nehmen Sie sich bei jeder Stelle einen Moment Zeit und sagen Sie laut: „Hier tut es weh". Körperliches Unbehagen bedeutet, dass ein Teil von Ihnen körperlich, geistig und seelisch aus dem Gleichgewicht geraten ist. Auch Ihr Körper weiß, dass Sie aus dem Gleichgewicht geraten sind, aber er kann das Ungleichgewicht nicht selbst beheben.

Verantwortung übernehmen

Wir unterdrücken Gefühle, weil wir die Verantwortung für das Erleben dieser Emotion nicht übernehmen wollen. Oft ist dies auf eine negative Konnotation zurückzuführen, die mit der Emotion verbunden ist. Wut zum Beispiel wird typischerweise als negative Emotion angesehen. Wut kann tatsächlich sowohl positiv als auch negativ sein; es kommt nur darauf an, wie Sie auf das Gefühl reagieren. Übernehmen Sie also die Verantwortung für die in Ihrem Körper blockierten Gefühle. Akzeptieren Sie, dass die Erfahrung in Ihrem eigenen Körper stattfindet. Das bedeutet, dass Sie die Kontrolle über die Emotionen haben, nicht andersherum. Verantwortung zu übernehmen bedeutet, dass Sie anerkennen, dass Sie selbst die Kontrolle darüber haben, wie Sie auf emotionale Angriffe reagieren. Wenn Sie die Verantwortung nicht übernehmen, können Sie auch die emotionale Blockade in Ihrem Körper nicht lösen.

Die Emotionen freisetzen

Nachdem Sie die Verantwortung für die Emotion übernommen haben, die für Ihre psychische Blockade verantwortlich ist, besteht der nächste Schritt darin, diese Emotion loszulassen. Achten Sie noch einmal auf die Stellen in Ihrem Körper, an denen die Emotion unterdrückt wird. Dann nehmen Sie sich vor, mit jedem Atemzug, der in Ihren Körper ein- und ausgeht, die Emotion loszulassen. Wiederholen Sie bei jedem Atemzug Ihre Absicht, loszulassen. Während Sie dies tun, werden Sie spüren, wie die Spannung und der Schmerz aus Ihrem Körper verschwinden. Wenn Sie möchten, können Sie auch Geräusche machen, die an Stelle des Gefühls erklingen. Das kann Ihnen helfen, die Verkrampfung zu lösen und loszulassen.

Auf diese Weise sind Sie die emotionale Blockade losgeworden, die Sie daran hinderte, auf Ihre übersinnlichen Fähigkeiten zuzugreifen. Sie können diese Übung immer dann anwenden, wenn Sie ein Erlebnis haben, das bei Ihnen eine negative Emotion auslöst. Das wird verhindern, dass sich weitere emotionale Blockaden bilden und Sie dauerhaft in Ihrer Spiritualität behindert werden.

Andere Möglichkeiten, psychische Blockaden zu lösen

Neben dieser Übung zum Lösen von emotionalen Blockaden gibt es weitere Möglichkeiten, alle Arten von psychischen Blockaden zu lösen.

- **Klären Sie externe Energiequellen:** Ihre Energiequelle ist normalerweise offen, so dass andere Menschen Ihre Energiequelle anzapfen können. Wenn dies geschieht, schrumpft Ihre Aura und wird anfällig für externe Energien um Sie herum. Stellen Sie sich das ungefähr so vor wie Angriffe von Keimen auf das Immunsystem. Das Gleiche geschieht mit Ihrer Energie. Manchmal kommen fremde Energien in Ihr Energiefeld und bleiben dort stecken. Das kann für Sie sehr unangenehm sein, weil sich die Zusammensetzung der fremden Energiekörper von der Ihrer eigenen unterscheidet. Das kann zu Rissen, Lecks und verzerrter Energie in Ihren Aura-Schichten führen. Dies kann sogar Ihr Chakren-System blockieren und stilllegen. Schlimmer noch, die Verbindung zu Ihrer Spiritualität im Allgemeinen kann unterbrochen werden. Deshalb ist die Reinigung fremder Energien aus Ihrem Energiefeld eine der effektivsten Methoden, um Blockaden zu lösen.

- **Haken entfernen**: Haken bilden sich in Ihrem Energiefeld, wenn Sie mit einer anderen Person Machtspiele spielen, und diese Person in Ihr Energiefeld eindringt, was zu Rissen, Lecks und Blockaden führt. Es fühlt sich an, als wäre ein Körperteil von jemandem ohne Grund plötzlich in Ihrem eigenen Energiefeld verankert. Die Entfernung des Fremdkörpers ist entscheidend für den Zugang zu Ihrer

Spiritualität.

- **Schnüre durchtrennen:** Es kann auch zur Bildung von negativen Bindungssträngen kommen, die sich bilden, wenn man ständig Zeit mit negativen Menschen verbringt. Diese Schnüre senken Ihre Schwingungen auf die niedrigste Frequenz. Wenn eine Schnur Ihr Energiefeld mit dem Energiefeld einer negativen Person verbindet, ist es am besten, die Schnur zu durchtrennen und Ihre Energie zu befreien. Es ist nicht ideal, einen offenen Kanal zwischen zwei Feldern zu haben. Es spielt keine Rolle, ob ein Feld schädlich ist oder nicht.

- **Chakren reinigen:** Wenn Ihr Chakra-System blockiert ist, müssen Sie es öffnen und reinigen. Auch wenn nur ein Chakra betroffen ist, müssen Sie alle Chakren öffnen. Wenn nicht alle Chakren geöffnet sind, können Sie sie nicht richtig ausrichten und ins Gleichgewicht bringen. Es ist wichtig, dass Sie Ihre Chakren regelmäßig reinigen, unabhängig von Blockaden, denn sie stehen in Verbindung mit lebenswichtigen Körperfunktionen, Organen und verschiedenen Bereichen in Ihrem Leben. Saubere Chakren erleichtern positive Erfahrungen im Leben.

- **Verwenden Sie Kristalle:** Kristalle haben reinigende und heilende Kräfte. Das heißt, sie können Ihnen helfen, Blockaden zu beseitigen und Risse und Lecks in Ihrem Energiefeld zu reparieren. Sie können Ihnen außerdem helfen, festgesetzte Energien wieder zu befreien, um den gesamten Energiefluss in Ihrem Umfeld zu verbessern. Legen Sie die Kristalle, die Sie gewählt haben, auf Ihre Chakren und führen Sie eine Visualisierungsübung durch, um die Blockade zu lösen und den Energiefluss wiederherzustellen.

- **Reiki-Heilung:** Energieheilung ist eine Methode, um festgefahrene, undichte oder blockierte Energie aus den Energiekörpern oder dem Energiefeld zu befreien. Um diese Methode anzuwenden, müssen Sie möglicherweise einen Reiki-Energieheiler aufsuchen. Es ist ein einfaches Verfahren, das Sie auch selbst erlernen können. Alles, was Sie tun müssen, ist, Ihre Hand nur wenige Zentimeter von

Ihrer Aura entfernt zu halten, während Sie damit die Energie in den entsprechenden Bereichen Ihres Energiefeldes bewegen.

- **Geistige Führer konsultieren**: Schließlich können Sie sich auch an Ihren Geistführer wenden, um die psychischen Blockaden zu lösen. Das ist möglich, wenn Sie schon einmal mit dem Geistführer interagiert haben. Aber auch wenn Sie dies vorher noch nicht getan haben, kann es Ihnen helfen, jeden Tag Zeit mit dem Geist zu verbringen, um ihn zu erreichen. Nutzen Sie die Meditation, um Ihre spirituelle Verbindung zu aktivieren und Ihren Geistführer zu kontaktieren.

Nachdem Sie alle psychischen Blockaden gelöst haben, die Sie daran hindern, auf Ihre Fähigkeiten zuzugreifen, können Sie mit den oben genannten Übungen und Techniken fortfahren, um die Gesundheit Ihrer Aura, Chakren, Meridiane und anderer Teile des Systems aufrechtzuerhalten, in denen Blockaden auftreten können. Sie brauchen diese, um Ihre Verbindung mit Ihrer Spiritualität aufrechtzuerhalten, also denken Sie nicht daran, auf halbem Weg mit dem Lösen der Blockaden aufzuhören. Arbeiten Sie daran, einen Zeitplan zu erstellen, der tägliche Zeit mit Ihrer spiritualen Seite vorsieht. Diese Zeit sollte nicht verhandelbar sein – es ist wichtig, dass Sie sich wirklich um diese Auszeit bemühen. Auf diese Weise werden die Sitzungen zur Gewohnheit, und die Versuchung, auf halbem Weg aufzugeben, wird mit der Zeit weniger verlockend.

Ziehen Sie außerdem die Möglichkeit in Erwägung, bei Ihren täglichen Aktivitäten positive Affirmationen zu verwenden. Diese helfen Ihnen, jegliche Negativität von sich fernzuhalten. Essen Sie außerdem mehr biologische Lebensmittel, die frei von Giftstoffen sind. Gesunde, biologische Lebensmittel können dazu beitragen, Ihre Vitalität und Energie zu erhalten oder wiederherzustellen. Wie Sie selbst, haben auch Lebensmittel Energiefelder. Wenn Sie also Lebensmittel mit giftiger Energie zu sich nehmen, wird dies Ihr Energiefeld beeinträchtigen. Schließlich sollten Sie täglich Zeit in der Natur verbringen. Das biete Ihnen eine unglaubliche Möglichkeit, Ihr Energiefeld zu harmonisieren. Die Natur verfügt über heilende Schwingungen, die Sie zur Abstimmung Ihrer Energiebahnen und -kanäle nutzen können.

Kapitel 5: Die Aktivierung des Dritten Auges und wahre Achtsamkeit

Spazieren Sie manchmal einen Weg hinunter und Ihr Instinkt sagt Ihnen plötzlich, dass Sie anhalten sollen? Haben Sie manchmal eine Vorahnung zum Inhalt von Prüfungsfragen oder anderen Herausforderungen? Wissen Sie manchmal intuitiv, wer Sie anruft, wenn Ihr Telefon klingelt? Haben Sie schonmal jemanden kennengelernt, und intuitiv das Gefühl gehabt, der Person nicht trauen zu können? All diese Erfahrungen haben etwas mit Ihrem Dritten Auge zu tun. Ihr Drittes Auge ist der Ursprung Ihrer Intuition, so dass jede intuitive Erfahrung, die Sie machen, mit dieser Körperstelle verbunden ist. Je weiter Sie auf Ihrer spirituellen Reise voranschreiten, desto mehr werden Sie sich im Einklang mit Ihrem inneren Auge und Ihren übersinnlichen Fähigkeiten im Allgemeinen fühlen. Wenn Sie sich schließlich an Ihre Fähigkeiten gewöhnt haben, können Sie dann irgendwann anfangen, Dinge vorherzusagen, bevor sie geschehen.

Die Aktivierung des Dritten Auges ist der Schlüssel zu wahrer Achtsamkeit, denn wenn es geöffnet ist, sind Sie sich jederzeit Ihrer selbst und Ihres Umfeldes bewusst. Die Aktivierung des Dritten Auges ist nichts, dass Sie in einem Zug machen können. Es ist ein langsamer Prozess, und es kann Jahre dauern, bis Sie diese Fähigkeit schließlich vollständig aktivieren können. Sie allein bestimmen, wie lange es dauert, bis sich Ihr Auge vollständig öffnen lässt.

Das Dritte Auge befindet sich in der Mitte Ihrer Stirn, etwas über Ihren Augenbrauen. Es ist das Zentrum der Vorstellungskraft, der Intuition und der inneren Weisheit. Sie können es nicht sehen, da es sich um ein spirituelles Auge handelt. Es besteht aus Energie und ist mit dem dritten Chakra des Dritten Auges verbunden. Dieses Zentrum der Spiritualität in der Mitte Ihrer Stirn ist mit der Zirbeldrüse verbunden, die für die meisten Ihrer Fähigkeiten verantwortlich ist. Um es zu öffnen, müssen Sie die Zirbeldrüse aktivieren. Es ist selten, dass Menschen über die Spiritualität sprechen, ohne die Veränderung des Bewusstseins zu erwähnen. Die Zirbeldrüse ist der Sitz des menschlichen Bewusstseins. Ohne die Zirbeldrüse können Sie Ihr volles psychisches Potenzial nicht erreichen. Daher möchte ich an dieser Stelle zunächst die Verbindung zwischen der Zirbeldrüse und dem Dritten Auge näher erläutern, und beschreiben, wie sich diese Verbindung auf Ihre Fähigkeit zur Hellseherei auswirkt.

Die Zirbeldrüse befindet sich in der Mitte Ihres Gehirns, direkt hinter Ihren Augen. Sie ist erbsengroß und hat die Form eines Kiefernzapfens. Sie hat eine rötlich-graue Farbe. Früher war die Zirbeldrüse ein äußerst wichtiges Werkzeug für Seher und Mystiker. Heutzutage ist sie jedoch inaktiv geworden, und ihr eigentlicher Zweck ist im Laufe der Jahre in Vergessenheit geraten. Beachten Sie, dass das Bewusstsein durch die Verbindung zwischen Ihrem Körper und Ihrem Geist geprägt wird. Das bedeutet, dass die Zirbeldrüse als Hauptsitz des Bewusstseins die eigentliche physische Verbindung darstellt.

Das Chakra-System ist der Kanal, durch den die Energie im physischen Körper fließt. Es ist verantwortlich für die Fähigkeit des Geistes, und notwendig, um die Form zu beleben. Stellen Sie sich die Chakren wie die Räder eines Motors vor - indem sie die Energie effektiv im Körper verteilen, sorgen sie dafür, dass die Energie ausgeglichen und offen bleibt. Dies sichert die optimale Funktion des spirituellen Energieflusses. Wenn die Energie im Chakra-System stagniert, wirkt sich das auf jeden Teil Ihres Körpers aus. Dies kann zu Unbehagen, Krankheit und Depression führen. Ihre Chakren sind das Energiezentrum Ihres Körpers, während Ihre Organe an bestimmten Stellen im Körper liegen. Das Nervensystem kontrolliert die Chakren, ist aber im Gegensatz zu den Organen nicht auf einen Ort im Körper beschränkt. Während sich zum Beispiel das Herzorgan auf der linken Seite des Körpers befindet, liegt das Herzchakra in der Mitte der Brust. Das Chakra des Dritten Auges befindet sich in ähnlicher Weise in der Mitte der Stirn.

Im hinduistischen Chakra-System wird die Zirbeldrüse Ajna Chakra genannt. Dies ist der hinduistische Name für das Chakra des Dritten Auges. In allen esoterischen Traditionen wird es als die Verbindung des Menschen zum Geist betrachtet. Es beschreibt den Raum zwischen Ihnen und dem Göttlichen, der Sie durch jede Stufe menschlicher Erfahrungen führt. Ein offenes und gesundes Drittes Auge ist Ihre höchste Quelle feinstofflicher Energie. Die Bedeutung dieses Auges geht über die „physischen" Eigenschaften hinaus. Es ist transzendent, durch die Art und Weise, wie es unsere spirituelle Reise beeinflusst. Die Öffnung des Dritten Auges ist der Schlüssel zu allen übersinnlichen Fähigkeiten, einschließlich der Hellsichtigkeit, Telepathie, Astralprojektion, Medialität und des luziden Träumens.

Diese spirituelle Machtquelle zu öffnen, kann Ihnen in vielerlei Hinsicht zugutekommen. Eine dieser Möglichkeiten ist, dass sie Ihnen hilft, Ihre innere Weisheit zu nutzen. Ein geöffnetes Drittes Auge öffnet den Weg zu größerer Selbsterkenntnis und emotionaler Beherrschung. Dies sind die beiden Grundlagen der inneren Weisheit. Wenn Sie das innere Auge öffnen, werden Sie erkennen, wie viel Weisheit und Intelligenz schon immer in Ihren Fingerspitzen lag. Je mehr Vorteile Sie sehen, desto mehr werden Sie geneigt sein, Ihr Drittes Auge bis zur höchsten Kapazität zu öffnen.

Ihr Drittes Auge kann Ihre Gesundheit wiederherstellen und sicherstellen, dass die verschiedenen Prozesse in Ihrem Körper und Ihrem Geist optimal funktionieren. Wenn Sie sich eine bessere Gesundheit wünschen, könnte die Aktivierung des Dritten Auges Ihr Schlüssel dazu sein. Ein durchschnittlicher Mensch wünscht sich ein Leben, in dem er ohne Angst, Sorgen oder ähnliche Erfahrungen leben kann. Nehmen wir einmal an, Sie wünschen sich dieses Leben auch für sich selbst. In diesem Fall gibt es nichts, was Sie nicht erreichen können, wenn Sie Ihre Intuition in vollem Umfang öffnen.

Um Ihr Drittes Auge zu aktivieren, müssen Sie sich die Meditation zur Gewohnheit machen. Die Kraft der Meditation besteht darin, dass sie die Natur Ihrer Gedanken von Grund auf verändern kann. Das bedeutet, dass Sie mit Hilfe der Meditation Ihre kognitiven Prozesse neu programmieren können, so dass sich die von Ihnen gewünschten Gedankenmuster manifestieren. Und wenn Sie auf diese Weise den Ballast des negativen Denkens loswerden, können Sie die höchste Lebensordnung erfahren, und Ihre persönlichen Ziele erreichen. Denken Sie an das Gesetz der Anziehung - Positives zieht Positives an. Indem Sie Ihren Geist darauf trainieren, überwiegend positive Gedanken und Gefühle zuzulassen, können Sie Ihre Schwingung erhöhen und in der Welt der Spiritualität aufsteigen. Wenn Sie sich diese Möglichkeiten eröffnen, wird Ihre körperliche, geistige und emotionale Gesundheit aufblühen. Dieser Prozess hilft Ihnen dann, Seelen anzuziehen, die sich auf ähnlichen Schwingungsebenen wie Sie befinden - was zu besseren Beziehungen in allen Bereichen führt.

Wie die meisten Menschen fragen Sie sich wahrscheinlich auch, was das Leben für Sie bereithält: „Was erwartet mich da draußen?" Auch wenn Sie es nicht wissen, brauchen Sie sich keine Sorgen zu machen. Alles, was Sie über Ihre Karriere, Träume, Ziele oder Beziehungen wissen wollen, wird zugänglich, wenn Sie Ihr Drittes Auge aktivieren. In diesem Teil Ihrer Selbst wartet eine Fülle von Informationen auf Sie. Sie müssen Ihren Geist nur öffnen, um Zugang zu ihnen erhalten. Wenn Sie Ihr Drittes Auge öffnen, können Sie die Welt aus einer neuen, für Sie günstigeren Perspektive sehen. So können Sie das Ungesehene erfassen und das Unmögliche in das Mögliche verwandeln.

Wenn Sie zum ersten Mal versuchen, sich darauf einzustimmen, stellen Sie vielleicht fest, dass Sie es nicht gleich können. Wenn das bei Ihnen der Fall ist, bedeutet das einfach, dass Ihre Wahrnehmung blockiert ist. Ein blockiertes Drittes Auge versperrt Ihnen den Zugang zu Ihrer Intuition, zur Vorstellungskraft und zu unendlicher Weisheit. Mit einem blockierten Dritten Auge haben Sie keinen Sinn für die Richtung im Leben. Ihre Energie bleibt stecken und stagniert, und das gilt auch für Sie als Person. Ein blockiertes Drittes Auge ist der Weg zu chronischem Unglück und Apathie. Wenn Sie ein blockiertes Ajna haben, glauben Sie auch nicht mehr an die Stimme Ihrer inneren Weisheit. Sie hören auf, auf Ihr Bauchgefühl zu hören. Sie verlieren die Verbindung zu Ihrem Geist. Dadurch kann Ihre Wahrnehmung der Welt durch Blockaden verzerrt werden.

Da das Dritte Auge die neurologischen Funktionen Ihres Körpers steuert, werden Sie feststellen, dass Ihr Körper einige Fähigkeiten verliert, wenn es blockiert ist. Der Körper ist möglicherweise nicht mehr in der Lage, den Schlaf zu regulieren, den Stoffwechsel auszugleichen oder Infektionen zu bekämpfen. Infolgedessen werden Sie häufig krank. Sie können unter Schlaflosigkeit leiden oder, in schlimmeren Fällen, Bluthochdruck entwickeln. Einige Anzeichen für ein blockiertes Drittes Auge sind:

- Engstirnigkeit
- Mangelnde Orientierung im Leben
- Verlust der Vorstellungskraft
- Verweigerung
- Schlechte Sicht
- Schlechtes Gedächtnis

Manchmal ist das Dritte Auge zwar nicht blockiert, aber überaktiv. Wenn es überaktiv ist, gibt es unter anderem folgende Anzeichen:

- Besessenheit mit übersinnlichem Sehen
- Halluzinationen
- Paranoia
- Unfähigkeit zur Konzentration
- Alpträume
- Zufällige Leere
- Erhöhte Skepsis

Sie können auch aufgrund eines überaktiven oder unausgeglichenen Dritten Auges luzide Träume erleben.

Wenn Sie feststellen, dass Ihr Drittes Auge blockiert ist, müssen Sie daran arbeiten, diese Blockade zu lösen. Das ist manchmal ein langer Prozess. Aber wenn man weiß, was man tun muss, kann man das Problem schließlich vollständig beheben. Es gibt drei Möglichkeiten, mit denen man das Dritte Auge öffnen kann: Nahrungsmittel, Affirmationen und Meditationstechniken.

Nahrung für das Dritte Auge

Die Nahrung, die Sie zu sich nehmen, hat einen erheblichen Einfluss auf die Gesundheit Ihres Dritten Auges. Mit der richtigen Ernährung können Sie sogar Ihre intuitiven und perzeptiven Fähigkeiten verbessern. Das ist keine Aufregung. Ihr Drittes Auge gedeiht gut, wenn Sie sogenanntes „Brainfood" (Gehirnnahrung) zu sich nehmen, besonders violeter oder indigofarbene Lebensmittel können helfen. Das Pigment dieser Farbe steht für jeden Traum, jede Idee, jeden Wert und jede Verbindung zum Universum. Im Folgenden finden Sie einige der besten Lebensmittel, die Sie zu sich nehmen können, um die Aktivierung Ihres Dritten Auges zu unterstützen. Diese Lebensmittel sind nicht nur nahrhaft, sondern können auch dazu beitragen, Ihr Drittes Auge auszugleichen und Ihre Reise in das Reich des höheren Bewusstseins zu beschleunigen.

- Heidelbeeren, Brombeeren und ähnliche Früchte mit violetten Pigmenten enthalten Antioxidantien. Ihre Farbe zeigt auch, dass sie Flavonoide enthalten, insbesondere Resveratrol, das den Blutdruck senkt. Die Durchblutung wird sofort besser, wenn die Arterienwände entspannt sind. Antioxidantien tragen zur Entspannung bei, und verbessern die Durchblutung der Zirbeldrüse.

- Pflaumen und Zwetschgen sind ebenfalls gut für die Erweckung des Dritten Auges. Sie enthalten eine andere Art von Antioxidantien, die Phenole. Diese können alle schädlichen Radikale neutralisieren, die sich in die Gehirnzellen und -moleküle einnisten wollen. Denken Sie daran, dass sich die Zirbeldrüse im Zentrum des Gehirns befindet, so dass alles, was sich auf die Gehirnzellen auswirkt, auch die Zirbeldrüse beeinflusst.

- Gemüse wie violetter Kohl, violette Zwiebeln und Auberginen sind weitere Beispiele für Lebensmittel, die auf dem Speiseplan stehen sollten, um das Dritte Auge zu öffnen und zu aktivieren. Diese Gemüsesorten enthalten Polyphenole, die Entzündungen im Körper reduzieren.

- Obwohl sie keine violetten Pigmente enthalten, sind Fisch, Nüsse und Leinsamen ebenfalls gut für Ihr Drittes Auge. Sie versorgen Ihren Körper mit Omega-3-Fettsäuren und verringern so das Risiko von Schizophrenie, Depression, Demenz und Legasthenie.

- Es ist wissenschaftlich erwiesen, dass dunkle Schokolade zur geistigen Klarheit beiträgt. Sie löst die Freisetzung von Serotonin, dem Wohlfühlhormon, aus, was ungewollt die Konzentrationsfähigkeit verbessert. Es ist kein Wunder, dass so viele Menschen Schokolade genießen.

Das Energiezentrum Ihres Dritten Auges reguliert die Funktionen Ihres Gehirns, Ihrer Augen, Ohren, Nase und Ihres neurologischen Systems. Sie müssen den Blutfluss zu diesen kritischen Bereichen ermöglichen, da diese dazu beitragen, Ihr Chakra-System im Gleichgewicht zu halten. Angenommen, Sie leiden häufig unter Migräne, Schwindel, Depressionen, Augenschmerzen, Schlaflosigkeit und Halluzinationen. Das ist ein Zeichen dafür, dass Sie auf eine gesündere Ernährung umsteigen sollten, die Ihrem Dritten Auge hilft. Achten Sie also beim nächsten Einkauf auf violettes Obst und Gemüse und vergewissern Sie sich, dass es frisch ist. Es gibt keine Entschuldigung dafür, die eigene Intuition nicht mit der richtigen Ernährung zu füttern.

Affirmationen für das Dritte Auge

Neben der Ernährung können auch Affirmationen dabei helfen, das Dritte Auge zu öffnen. Positive Affirmationen sind nachweislich fast so wirksam wie Meditation, und können Ihren Geist offen und ausgeglichen zuhalten. Sie lassen sich leicht in Ihre tägliche Routine integrieren, um diesen Bereich jeden Tag zu reinigen und auszugleichen. Wenn Sie daran denken, jeden Tag zu meditieren und Affirmationen zu machen, brauchen Sie sich keine Sorgen zu machen, dass es blockiert wird. Sie können die Affirmationen in Ihr Tagebuch schreiben und sie jeden Tag aufsagen. Oder Sie können sie immer dann aufsagen, wenn Sie eine Meditationssitzung haben. Das Wichtigste ist, dass Sie die Praxis konsequent durchziehen. Das ist der sicherste Weg, um Ergebnisse zu erzielen. Im Folgenden finden Sie kraftvolle Affirmationen, die Sie verwenden können, um sich zu öffnen und sich auf Ihre Intuition und innere Weisheit einzustimmen.

- Ich bin intuitiv, weise und im Einklang mit meiner inneren Weisheit.
- Ich bin mit meiner inneren Weisheit und meinem höheren Bewusstsein verbunden.
- Ich vertraue auf die Kraft meiner Intuition.
- Ich versuche, von der tiefen Weisheit meines höheren Bewusstseins zu lernen.
- Ich bin im Einklang mit der unendlichen Weisheit des Göttlichen.
- Ich sehe und handle im Einklang mit meiner göttlichen Bestimmung.
- Ich öffne mich für meine tiefste Weisheit und innere Führung.
- Ich bin unaufhaltsam in meiner Fähigkeit zu Freude, Glück und Heilung.
- Ich lasse die Vergangenheit los und gebe mich der Gegenwart hin.
- Ich bin offen für neue Energie, neue Orte, neue Menschen und neue Erfahrungen.
- Ich bin erleuchtet vom Licht meines höheren Geistes.
- Ich bin die Quelle von Liebe, Freude und Wahrheit in meinem Leben.

Sie können noch einen Schritt weiter gehen und Ihre Affirmationen selbst formulieren. Das Wichtigste ist, dass Ihre Affirmationen positiv und an Sie selbst gerichtet sind. Orientieren Sie sich bei der Formulierung Ihrer Affirmationen an den obigen Beispielen. Das Beste an Affirmationen ist, dass Sie sie für bestimmte Bereiche Ihres Lebens, die Sie verändern wollen, gezielt formulieren können. Sie könnten zum Beispiel sagen: „Das Licht des Göttlichen erleuchtet meine Karriere". Oder Sie können es noch spezifischer machen und sagen: „Meine heutige Präsentation wird vom Licht des Göttlichen erleuchtet. Wenn ich meine innere Weisheit anzapfe, wird alles gut mit meiner Präsentation."

Rezitieren Sie die Affirmationen zweimal pro Tag. Auch die Meditation sollte zweimal täglich praktiziert werden, einmal am

Morgen und einmal am Abend.

Meditationstechniken für das Dritte Auge

Meditation ist eines der ersten Dinge, die Ihnen in den Sinn kommen sollten, wenn Sie etwas tun wollen, das mit der Stärkung Ihrer übersinnlichen Fähigkeiten zu tun hat. Sie ist eine der schnellsten und effektivsten Methoden, um Ihr Drittes Auge zu öffnen. Es gibt viele Meditationstechniken, um Ihr Drittes Auge zu öffnen, aber ich werde Ihnen an dieser Stelle drei wirkungsvolle Techniken vorstellen. Diese Techniken sind einfach und unkompliziert, machen Sie sich also keine Sorgen, falls Sie ein Anfänger sind. Sie werden sie leicht finden, selbst wenn Sie noch nie meditiert oder Achtsamkeit praktiziert haben.

Die folgende Herangehensweise ist besonders gut für Anfänger geeignet:

- Suchen Sie sich einen schönen und ruhigen Ort zum Meditieren. Achten Sie darauf, dass Sie von niemandem gestört werden. Schalten Sie Ihre mobilen Geräte und alle anderen ablenkenden Gegenstände in Ihrer Nähe aus.
- Nehmen Sie eine bequeme Haltung ein. Sie können sich mit aufrechtem Rücken auf einen Stuhl setzen und die Füße fest auf den Boden stellen.
- Atmen Sie mindestens zehnmal sanft ein und aus. Achten Sie darauf, dass Ihre Atemzüge tief und langsam sind.
- Richten Sie Ihre Aufmerksamkeit auf den Punkt zwischen Ihren Augenbrauen, wo sich Ihr Drittes Auge befindet. Konzentrieren Sie sich auf diesen Bereich, während Sie weiter ein- und ausatmen.
- Visualisieren Sie nun eine violette Energiekugel, die an dieser Stelle schwebt. Denken Sie daran, dass Violett die Farbe des Dritten Auges ist, stellen Sie sich also keine andere Farbe vor.
- Während Sie ein- und ausatmen, stellen Sie sich vor, wie sich die violette Energiekugel ausdehnt und immer größer und wärmer wird.

- Stellen Sie sich dann vor, wie sie alle Formen negativer Energie aus Ihrem Dritten Auge entfernt, indem die positive Energie die negative Kraft überstrahlt.
- Stellen Sie sich vor, wie Sie die Wärme der Kugel in sich aufnehmen - spüren Sie, wie sie Sie umspült.
- Wenn Sie sicher sind, dass Sie die Energie vollständig absorbiert haben, öffnen Sie die Augen.

Bei diesem Beispiel handelt es sich um eine einfache Meditationsübung, die Sie leicht in Ihre tägliche Routine einbauen können. Die Übung sollte nicht mehr als 10 bis 15 Minuten pro Tag in Anspruch nehmen. Aber nehmen wir an, Sie möchten die Übung noch länger machen. Dabei können Sie sich vorstellen, wie die Energiekugel von einem Körperteil zum anderen wandert und sie eines nach dem anderen von Negativität befreit.

Es gibt eine weitere Meditationstechnik zur Öffnung des Dritten Auges. Bei dieser handelt es sich um einen umfangreicheren Ansatz, der 30 bis 60 Minuten in Anspruch nehmen kann. Es handelt sich um eine Yogatechnik, also achten Sie darauf, dass Sie die Anweisungen sorgfältig und genau befolgen.

Anweisungen

- Suchen Sie sich einen ruhigen und entspannenden Ort zum Meditieren.
- Atmen Sie tief durch die Nase ein. Warten Sie ein paar Augenblicke und atmen Sie dann durch den Mund aus.
- Entspannen Sie Ihr Gesicht beim Einatmen und Ausatmen. Spüren Sie, wie sich die Entspannung im Rest Ihres Körpers ausbreitet.
- Entspannen Sie sich langsam mehr und mehr.
- Konzentrieren Sie sich auf die Mitte Ihrer Stirn. Spüren Sie die Energie des Dritten Auges, während Sie sich auf diesen Punkt konzentrieren. Spüren Sie, wie dieser Bereich ein violettes Licht ausstrahlt.
- Visualisieren Sie das Licht, das aus Ihrem Dritten Auge in alle Himmelsrichtungen strahlt.

- Geben Sie nun alle schädlichen und störenden Gedanken an das strahlende Licht ab.
- Entspannen Sie Ihr Gesicht und Ihren Körper noch weiter.
- Stellen Sie sich vor, dass sich die Lichtkugel auf Ihrer Stirn öffnet. Beobachten Sie, wie Ihr Licht heller wird, während es aus der Kugel herausstrahlt.
- Nehmen Sie die körperlichen Empfindungen in Ihrem Körper wahr, während er leichter wird.
- Erlauben Sie es Ihrem Dritten Auge, sich zu öffnen, während Sie Ihren Körper entspannen, und er leichter wird.
- Bitten Sie die göttliche Kraft, Sie mit reinem weißem Licht zu beschenken. Bitten Sie darum, dass das Licht jeden Teil von Ihnen und jeden Ort um Sie herum erfüllt.
- Nehmen Sie sich Zeit, bevor Sie Ihre Augen öffnen.

Achten Sie darauf, dass Sie alle Anweisungen für die Anwendung dieser Technik sorgfältig befolgen.

Die Trataka-Technik

Die Trataka-Meditationstechnik wird auch als Meditation über das Dritte Auge bezeichnet, weil sie gezielt das Dritte Auge öffnet und aktiviert. Sie funktioniert, in dem Sie Ihr ganzes Bewusstsein auf Ihr Drittes Auge richten, um sich sofort in einen meditativen Zustand zu versetzen. Dies ist kein Meditationsansatz, den man überall anwenden kann – er lässt sich z. B. nicht im Bus oder in der Bahn verwenden. Am besten benutzt man einen derartigen Ansatz, wenn man so ruhig wie möglich bleibt.

- Nehmen Sie den Lotussitz (oder den Schneidersitz) ein. Wenn Sie diese Haltung nicht halten können, ohne sich unwohl zu fühlen, setzen Sie sich auf einen Stuhl. Hauptsache, Sie sitzen gerade, so wie Sie es normalerweise beim Meditieren tun.
- Setzen Sie sich also bewusst aufrecht hin, so dass Ihre Wirbelsäule so gerade wie möglich ist. Schließen Sie dann sanft die Augen.
- Atmen Sie nun dreimal langsam ein- und aus.

- Konzentrieren Sie sich auf die Mitte Ihrer Stirn.
- Heben Sie den Kopf mit geschlossenen Augen etwa 25 Grad nach oben an. Dies ist die optimale Kopfposition für den Einsatz des Dritten Auges.
- Zählen Sie langsam von hundert bis eins (rückwärts, 100, 99, 98...).
- Achten Sie beim Rückwärtszählen darauf, dass Sie Ihren Blick nicht von der Mitte abwenden.
- Sie sollten langsam ein süßes Gefühl der Anspannung in Ihren Augen spüren. Es sollte sich nach Anstrengung anfühlen, aber nicht unangenehm sein; Sie werden es genießen.
- Wenn Sie sich dem Ende des Vorganges nähern, werden Sie ein seltsames Gefühl in Ihrem Dritten Auge bemerken. Vielleicht fällt es Ihnen schwer, dieses Gefühl mit einem bestimmten Wort zu beschreiben. Konzentrieren Sie sich einfach auf die Stelle auf Ihrer Stirn, an der sich Ihr Drittes Auge befindet.
- Schließlich werden Sie einen Zustand der Stille erreichen, in dem es sich anfühlt, als ob Sie Ihre Gedanken in Ihrem Geiste sehen könnten. Ihre Gedanken können Ihnen in solchen Situationen erscheinen, als würden sie sich auf einem Bildschirm bewegen.
- Nach einigen Augenblicken hören Ihre Gedanken auf, sich zu bewegen, und Sie können sie sehen. Sie haben vielleicht ein Gefühl als seien Sie in Trance oder als hätten Sie einen Traum.
- Bleiben Sie mindestens 10 Minuten in diesem Zustand.
- Bringen Sie sich dann langsam wieder in einen Zustand der Normalität zurück. Lassen Sie die Anspannung von Ihren Augen abfallen, und bringen Sie Ihre Augen langsam wieder in ihre normale Position zurück. Sie sollten sich locker und frei anfühlen. Richten Sie Ihr Bewusstsein weg von der Position des Dritten Auges.
- Bleiben Sie einige Minuten lang ruhig. Erlauben Sie Ihren Augen, sich wieder wie von selbst zu fühlen. Dann atmen Sie

dreimal ein und aus.
- Öffnen Sie langsam Ihre Augen und kehren Sie zu Ihrer normalen Tätigkeit zurück.
- Ihre Meditation ist abgeschlossen.

Diese Meditation ist eine wirksame Technik zur Stärkung des Dritten Auges. Außerdem hilft die Übung auch der Gesundheit Ihrer physischen Augen. Sie schützt sie vor möglichen Schäden. Beachten Sie, dass die Anspannung, die Sie während der Übung empfinden, Ihre Augen nicht beeinträchtigen kann. Üben Sie diese Meditation jeden Morgen und Abend. Mit jeder Wiederholung wird sich Ihrer Intuitionskraft weiterentwickeln.

Vorsichtsmaßnahmen: Seien Sie sich bewusst, dass diese Meditationstechnik eine sehr prekäre Übung ist. Denken Sie daran, dass sie sich auf einen Aspekt Ihres irdischen Körpers konzentrieren soll. Während Sie meditieren, werden Sie vielleicht bemerken, dass sich die Mitte Ihrer Stirn zu erwärmen beginnt. Wenn dies geschieht, brechen Sie die Meditation sofort ab und versuchen Sie es an einem anderen Tag erneut.

Wenn Sie die Übungen konsequent und regelmäßig durchführen, werden Sie langsam Anzeichen dafür bemerken, dass sich Ihr Drittes Auge öffnet und aktiviert. Wenn Ihnen dieses Zeichen noch nicht bereits bewusst ist, könnten Sie es leicht mit anderen Hinweisen verwechseln oder als Zufall abtun. Um das zu vermeiden, finden Sie im Folgenden eine Auflistung der wichtigsten Anzeichen für das Erwachen des Dritten Auges:

- **Dumpfes Gefühl**: Sie verspüren ein dumpfes Gefühl in der Mitte Ihrer Stirn. Dies beginnt im Allgemeinen, wenn sich das Dritte Auge öffnet. Die Empfindung entsteht dadurch, dass sich Ihr Bewusstsein öffnet. Es kann sich so anfühlen, als würde Sie jemand sanft an dieser Stelle berühren, sodass sich langsam ein leichtes Gefühl der Wärme von dort aus ausbreitet. Es kann sein, dass diese Empfindung nicht auftritt, während Sie eine Meditation mit Hilfe des Dritten Auges durchführen. Es taucht oft aus dem Nichts auf, also halten Sie einfach tapfer Ausschau und bleiben Sie wachsam.

- **Gesteigerte Intuition**: Dies ist eines der offensichtlichsten Zeichen des Erwachens des Dritten Auges. Sie müssen nicht einmal danach Ausschau halten, denn Sie werden die Veränderungen unweigerlich bemerken. Wenn sich das Dritte Auge öffnet, werden Sie eine Zunahme der intuitiven Fähigkeiten erleben. Normalerweise geschieht Intuition zufällig. Vielleicht bemerken Sie es nicht einmal, wenn sie kommt. Aber wenn Ihr Drittes Auge erwacht, werden Sie feststellen, dass Ihre Intuition stärker und dominanter geworden ist. Sie ist nicht mehr zufällig. Sie ist jetzt wie ein Kompass, der Sie auf Schritt und Tritt begleitet. Zum Beispiel wissen Sie vielleicht ohne Erklärung, was der nächste Schritt sein wird. Kämpfen Sie nicht gegen Ihre Intuition an, wenn dies geschieht. Stimmen Sie sich stattdessen auf sie ein und akzeptieren Sie sie als das, was sie ist.

- **Licht- und Farbempfindlichkeit:** Mit dem Erwachen Ihres Dritten Auges werden Sie vielleicht feststellen, dass Sie empfindlicher auf Lichteinfall und helle Farben reagieren. Der Prozess ist in der Regel subtil und mild, aber Sie sollten in der Lage sein, zu bemerken, wenn er beginnt. Diese neu entdeckte Empfindlichkeit für Licht und Farben bietet Ihnen eine Möglichkeit, sich alles in Ihrer Umgebung noch stärker bewusst zu machen. Es ist ein Zeichen dafür, dass Sie sich auf dem Weg zu wahrer Achtsamkeit befinden.

- **Allmähliche Veränderung:** Der Sinn der Öffnung Ihres Dritten Auges ist es, Ihnen zu helfen, eine neue und tiefgreifende Perspektive auf das Universum zu gewinnen, und genau das wird mit Ihnen als Resultat dieses Prozesses geschehen. Sie werden langsame und stetige Veränderungen in Ihrer Lebensphilosophie und Ihrer Persönlichkeit feststellen. Diese Veränderungen werden sich positiv auf Ihr Leben auswirken, also nehmen Sie sie einfach an, wenn sie kommen. Die Art und Weise, wie Sie Menschen, Tiere, die Natur und alles andere um sich herum behandeln, wird sich ändern. Vielleicht werden Sie weniger egoistisch und toleranter gegenüber anderen. Das ist einer der vielen Vorteile der Erweckung Ihres Dritten Auges.

- **Häufige Kopfschmerzen**: Ein offenes Drittes Auge führt zu vermehrten Kopfschmerzen. Dieser Druck auf den Kopf wird noch stärker sein als der Druck, den wir im ersten Punkt beschrieben haben. Die Kopfschmerzen entstehen in der Regel durch die Energieüberladung, die durch die Öffnung des Dritten Auges entsteht. Sie können die Energie nutzen, um zu meditieren, in der Natur spazieren zu gehen oder etwas anderes zu tun, was Ihnen Spaß macht. Kopfschmerzen sind eigentlich ein Zeichen dafür, dass sich Ihr geistiges Auge öffnet und die Zirbeldrüse aktiviert wird.

Während sich Ihr Drittes Auge weiter öffnet und erwacht, werden Sie vielleicht Dinge erleben, die Ihnen zunächst seltsam erscheinen. Wenn Sie nicht vorsichtig sind, werden Sie sich wahrscheinlich von dem Gefühl überwältigt fühlen. Das kann dazu führen, dass Sie mit Ihren neuen Fähigkeiten nicht zurechtkommen. Sie können diese Erfahrungen mit sorgfältiger Planung in den Griff bekommen, damit Sie nicht mit einer Überlastung durch intuitive Treffer konfrontiert werden.

- **Häufige Schlafstörungen**: Das Öffnen des Dritten Auges bedeutet, dass Sie häufig lebhafte Träume und Albträume haben werden. Das kann Ihren Schlaf stören und Sie empfindlicher machen. Die intensiven Träume und Albträume können Sie die ganze Nacht lang wachhalten. Dies kann dazu führen, dass Sie sich beim Aufwachen müde und erschöpft fühlen. Auch tagsüber können die Bilder aus Ihren Träumen oder Albträumen immer wieder in Ihren Kopf zurückkehren. Um dies zu vermeiden, sollten Sie jeden Abend vor dem Einschlafen meditieren. Dadurch bleibt Ihr Geist in einem ruhigen und entspannten Zustand, und die Wahrscheinlichkeit, dass Sie einen intensiven Traum oder Alptraum haben, sinkt.

Sie können außerdem ein Traumtagebuch führen, um wiederkehrende Muster in Ihren Träumen oder Albträumen zu verstehen. Manchmal hören diese Träume nicht auf, bis es Ihnen gelingt, ihre Bedeutung zu erkennen. Sobald Sie die Botschaft oder Lektion gedeutet haben, wird Ihr Drittes Auge aufhören, Sie mit intensiven Bildern zu bombardieren.

- **Astralprojektion:** Dies ist eine spirituelle Reise, bei der Ihr Astralkörper Ihren Körper verlässt, um an einen anderen Ort zu gehen. Ihr Körper kann jeden Teil des Universums, einschließlich der höheren Ebenen, in einem astralen Zustand erkunden. Wenn sich Ihr Drittes Auge öffnet und stärker wird, werden Sie vielleicht anfangen, unvorhersehbar astrale Visionen in Ihrem Kopf zu projizieren. Wenn Sie noch nie zuvor eine Astralprojektion gemacht haben, könnte das erste Mal sehr beängstigend für Sie sein. Aber wenn Sie verstehen, dass Astralprojektion nicht von Natur aus gefährlich ist, wird es Ihnen trotzdem gut gehen. Sollten Sie befürchten, Ihren physischen Körper nie wiederzufinden, darf ich Ihnen versichern, dass derartig dramatische Dinge nur in Filmen passieren. Sie können nicht wirklich außerhalb Ihres Körpers stecken bleiben. Astralprojektion ist ein Zeichen dafür, dass Sie die von Ihnen gewünschte psychische Entwicklung durchleben.

Abschließend finden Sie im Folgenden einen Überblick über alles, was Sie täglich tun sollten, damit Ihr Drittes Auge geöffnet und ausgeglichen bleibt.

- Meditieren Sie jeden Morgen und Abend mindestens 10 Minuten lang.
- Verwenden Sie ätherische Öle auf Ihren Pulspunkten.
- Schlafen Sie jede Nacht etwa 8 Stunden lang.
- Essen Sie nährstoffreiche, augenfreundliche Lebensmittel.
- Rezitieren Sie jeden Morgen und Abend positive Affirmationen für Ihr Drittes Auge.

Mit diesen können Sie Ihr Drittes Auge nicht nur öffnen, sondern es auch anschließend, aktiviert und ausgeglichen halten.

Kapitel 6: Wie man die Energie der Menschen, die einen umgeben, wahrnehmen und deuten kann

Energie ist die Kraft des Lebens, die alles im Universum durchströmt. Wie ich in einem früheren Kapitel bereits sagte, besteht alles im Universum aus Energie. Das Universum selbst ist pure Energie, zusammen mit seinen vielen Entitäten und verschiedenen Manifestationen von Energieformen. Daraus können Sie ersehen, dass Energie eines der wichtigsten Elemente in der Welt ist. Wenn Sie lernen, sie zu lesen, können Sie tief in die Persönlichkeit einer anderen Person eindringen und diese bis in ihr Innerstes enträtseln. Wenn Sie wissen, wie man Energie liest, können Sie hinter die äußere Fassade blicken, die die meisten Menschen Ihnen zeigen. Sie werden Zugang zu der wirklichen Person im Inneren Ihrer Mitmenschen finden. Wie Sie sehen können, ist dies eine spannende Fähigkeit, die Sie mit etwas Übung erlernen können.

Das Energielesen beschreibt die Fähigkeit, das Energiefeld einer Person zu erkennen und zu interpretieren. Wie bereits festgestellt, hat jeder Mensch ein eigenes Energiefeld. Gedanken und Gefühle beeinflussen dieses Feld. Wenn Sie also lernen, Energie zu lesen, lernen Sie auch, die Gedanken und Gefühle anderer zu lesen. Ob Sie dies mit oder ohne deren Wissen tun, ist Ihre Entscheidung. Moralisch richtig wäre es jedoch, dass Sie Ihre Fähigkeit des Energielesens niemals dazu nutzen, Zugang zu den tiefsten Geheimnissen anderer Menschen zu erhalten, es sei denn, diese geben Ihnen ihre Zustimmung.

Das Konzept des Energielesens gibt es schon seit Jahrhunderten. Im Laufe der Geschichte gab es immer wieder Berichte über Menschen, die ihre Fähigkeiten zum Energielesen einsetzten, um die tiefsten Geheimnisse der Menschheit zu lüften. Jemand, der die Energie anderer Menschen spüren und lesen kann, ist ein hochintuitiver Mensch, ein Hellseher. Energie lesen heißt also intuitiv sein. Hochintuitive Menschen sind sensibel für den Fluss der Lebenskraft im Universum. Sie können die feinsten Schwankungen im Energiefeld einer Person, eines Ortes, eines Tieres oder eines Gegenstandes wahrnehmen. Manchmal wird das Energielesen auch als Aura-Lesen bezeichnet, da es Ähnlichkeiten zwischen den beiden Begriffen gibt. Sie können die beiden Begriffe praktisch als Synonyme verwenden.

Wenn Sie sich fragen, ob das Energielesen dasselbe ist wie die Hellseherei, dann muss ich Ihnen leider sagen, dass dies nicht der Fall ist. Aber auch Hellseher können Energielesungen durchführen, da ihr wichtigstes Werkzeug die Intuition ist. Jeder, der ein starkes Gespür für Intuition hat, kann eine Lesung durchführen. Der Hauptunterschied zwischen dem Energielesen und der Hellseherei besteht darin, dass sich die Hellseherei auf abstrakte Bildgebungen fokussiert. Im Gegensatz dazu konzentriert sich das energetische Lesen auf die Sinnesorgane. Beim Hellsehen wird eine Verbindung zu einer nicht-physischen Welt hergestellt. Außerdem wird beim Lesen von Energien die Aura beobachtet, um Informationen zu erhalten, während beim Lesen der Psyche der Kontakt zu den Geistführern aufgenommen wird.

Nehmen wir einmal an, Sie haben eine neue Person kennengelernt, die Sie auf Anhieb nicht mögen. Bei solchen Situationen handelt es sich um ein klassisches Beispiel dafür, dass Ihre Intuition die negative Energie der anderen Person aufgegriffen hat. Wenn Ihre Energie nicht mit der einer anderen Person übereinstimmt, fühlen Sie sich wahrscheinlich von der anderen Person distanziert. Bis zu einem gewissen Grad sind wir alle

Energieleser, denn wir können erkennen, ob uns eine Person gut oder schlecht gesinnt ist, je nachdem, wie wir uns fühlen, wenn wir ihr begegnen. Es ist verständlich, dass wir dabei nicht erkennen, dass die Gefühle, die wir wahrnehmen, von ihrem Energiefeld herrühren. Energieleser sind nicht viel anders als Sie selbst. Der Unterschied ist, dass diese Menschen ihre Fähigkeiten verfeinert und weiterentwickelt haben. Wenn auch Sie Ihre Fähigkeiten verfeinern, können Sie durch regelmäßiges Üben genauso gut werden, wie die meisten Energieleser es auch sind.

Die Förderung der Intuition kann für Sie von großem Nutzen sein. Wann immer Sie das Gefühl haben, dass Sie im Leben nicht weiterkommen, können Sie sich darauf verlassen, dass Ihre Fähigkeit zum Energielesen Ihnen sagt, warum es sich anfühlt, als sei etwas nicht richtig. Wenn Sie zum Beispiel an einem Projekt arbeiten, ohne voranzukommen, wird Ihnen das Energielesen sagen, warum Sie das Gefühl haben, festzustecken. Alles, was in Ihrem Leben geschieht, ist irgendwie mit der Kraft verbunden, die in Ihrem Inneren fließt und die Ihre Spiritualität ausmacht. Es ist also keine schlechte Idee, sich dem Energielesen zuzuwenden, wenn Sie sich verloren oder festgefahren fühlen.

Wenn es Ihnen schwerfällt, eine wichtige Entscheidung zu treffen, kann eine Energielesung Ihnen dabei helfen, den richtigen Weg einzuschlagen. Ganz gleich, ob es sich um eine Entscheidung in Bezug auf Ihre Karriere, Ihr Liebesleben oder Ihr Geschäft handelt, es ist eine praktische Methode, um zu erfahren, was zu tun ist. So können Sie einen tieferen Einblick in die Ereignisse Ihres Lebens gewinnen. Anhand Ihres Energiefeldes können Sie den richtigen Weg in Ihrem Leben entdecken.

Was haben Sie davon, wenn Sie lernen, Energien zu lesen?

- Sie erhalten göttliche Führung.
- Sie identifizieren Bereiche in Ihrem Leben, die Ihre sofortige und besondere Aufmerksamkeit benötigen.
- Sie haben die Fähigkeit, Energieblockaden zu erkennen und aufzulösen. Dies stärkt Ihre Intuition weiter.
- Das Lesen von Energien kann Ihnen helfen, mit einem Trauma aus der Vergangenheit umzugehen.

- Es kann Ihnen ermöglichen, Einblicke und Informationen über sich selbst erhalten.
- Gewinnen Sie eine neue Perspektive auf das Leben und dessen Herausforderungen.
- Balancieren Sie Ihre Chakren, und gleichen Sie Unebenheiten aus.

Es gibt noch viel mehr Arten und Weisen, auf die Sie profitieren können, solange Sie lernen, Ihre eigene Energie zu lesen. In jedem Fall gehören die oben genannten Vorteile zu den beliebtesten.

Emotionen sind die häufigsten Ausdrucksformen von Energie. Sie haben eine „Ausstrahlung", die sich man auf die Menschen überträgt und die sie auch von Ihren Mitmenschen erfahren. Dieses System funktioniert in beide Richtungen. In der Nähe mancher Menschen fühlt man sich wohl, aber bei anderen fühlt man sich unwohl. Der Energiefluss manifestiert sich durch die Emotionen einer Person. Wenn Sie jemandem mit einem positiven Energiefluss begegnen, werden Sie sich wahrscheinlich glücklich und gut fühlen. Bei jemandem mit negativem Energiefluss fühlen Sie sich dagegen gestresst, ängstlich, erschöpft und unwohl.

Emotionale Energie ist eine äußerst wichtige Sache. Sie ist ansteckend. Der Unterschied zwischen einer gesunden und einer giftigen Beziehung ist die emotionale Energie. Bevor Sie mit jemandem regelmäßig interagieren, kann es nicht schaden, sich ein Bild von der Person zu machen und seine Lebenskraft zu erfahren. Dann wissen Sie, ob eine Freundschaft, eine romantische Beziehung oder sogar eine Geschäftsbeziehung mit einer solchen Person möglich ist. Mit anderen Worten: Sie prüfen Ihre Energiekompatibilität. Das ist so ähnlich, wie wenn wir das Verhalten einer Person studieren, um zu sehen, wie kompatibel wir sind, wenn wir an eine Beziehung oder eine Ehe denken.

Leider sind manche Menschen gut darin, zu Beginn einer Beziehung zu verbergen, wer sie wirklich sind. Wenn Sie also ihr Verhalten unter die Lupe nehmen, werden Sie vielleicht nichts Greifbares finden. Aber wenn Sie wissen, wie man Energie liest, können sogar solche Menschen ihre tatsächliche Energie nicht vor Ihnen verbergen. Wenn Sie diese lesen, können Sie feststellen, ob ihre Worte und Handlungen mit ihrer Energie übereinstimmen.

Wenn das nicht der Fall ist, dann wissen Sie, dass diese Personen etwas vor Ihnen verbergen. Beim Energielesen ist das, was Sie sehen, auch das, was Sie tatsächlich von der Person bekommen.

Hier sind einige Beispiele dafür, dass die Energie einer Person nicht mit ihren Worten oder ihrem Verhalten übereinstimmt.

- Sie haben einen Streit mit Ihrem Partner. Sie haben sich beide entschuldigt, aber irgendwie können Sie immer noch Feindseligkeit von Ihrem Partner spüren.
- Eine Person bittet Sie auf die romantischste Art und Weise um ein Date, aber Sie haben einfach nicht das Gefühl, dass die Person Sie wirklich mag. Man merkt, dass bei deren Interesse nicht viel Herz dabei ist.
- Ein Freund ist fröhlich und benimmt sich wie ein wahrer Sonnenschein, aber man spürt keine Freude in ihm. Stattdessen haben Sie das Gefühl, die Person sei tief in Ihrem Inneren verletzt worden.

Letztlich sagt Ihnen die Energie, die Sie von jemandem spüren, die Wahrheit darüber, wer diese Person ist und wie sie Ihnen gegenüber steht. Das bedeutet, dass Sie wissen sollten, wie Sie sie mit ihren Gefühlen in Verbindung bringen können. Manche Menschen versuchen nicht, trügerisch oder irreführend zu sein. Was auch immer das Problem ist, das Gefühl von Disharmonie ist oft ungewollt, weil die Person sich vielleicht nicht einmal darüber bewusst ist, wie sie sich wirklich im tiefsten Inneren fühlt. Wenn sie Ihnen etwas erzählen, dann tut sie das, weil sie es wirklich glaubt und nicht, weil sie Sie absichtlich in die Irre führen wollen. Das Gute daran ist, dass dies keine Rolle spielt, da Sie immer noch ihre wahren Gefühle entschlüsseln können.

Hier kommt es darauf an, den Botschaften Ihres Körpers Aufmerksamkeit zu schenken und deren Ratschläge zu befolgen. Natürlich kann es sein, dass Ihr Verstand Sie von etwas anderem überzeugen will. Lassen Sie sich die Weisheit Ihres Körpers nicht ausreden. Um dieses Prinzip besser zu verstehen, können Sie Folgendes tun: Wenn Sie Ihre energetische Reaktion auf einen Menschen herausfinden, müssen Sie immer darauf achten, wie sich Ihr Körper anfühlt. Steigt Ihre Energie an oder sinkt sie plötzlich ab? Anstatt sich gegen die Botschaft Ihres Körpers zu wehren, folgen Sie ihm einfach. Aber wie können Sie sich Klarheit über die Gefühle anderer Menschen verschaffen?

Spüren Sie ihre Anwesenheit

Damit ist die Energie gemeint, die sie ausstrahlen - die Energie, die nicht unbedingt mit ihren Worten oder Handlungen übereinstimmt. Eine emotionale Atmosphäre umgibt jeden Menschen. Wenn Sie sich auf diese Atmosphäre einstimmen, erhalten Sie einen Einblick in den wahren Charakter einer Person. In diesem Zusammenhang kann Präsenz auch als Charisma interpretiert werden - die magnetische Kraft, die dazu führt, dass Sie sich zu anderen Menschen hingezogen fühlen. Seien Sie sich darüber im Klaren, dass Charisma bei manchen Menschen nicht immer mit ihrem Herz verbunden ist. Seien Sie vorsichtig mit solchen Menschen, da diese sich oft als schlecht für Sie erweisen.

Ein Beispiel für eine solche Situation ist die Begegnung mit einem Narzissten. Narzissten können wie Energievampire sein, weil sie hochintuitive und sensible Menschen wie Sie suchen und sie mit ihrer Fähigkeit, alle Aufmerksamkeit auf sich zu ziehen, förmlich aussaugen. Narzissten sind oft so charismatisch, dass es schwer ist, ihre wahren Absichten zu erkennen. Sie können niemandem vertrauen, der Charisma ohne Herz hat. In den meisten, wenn nicht in allen Fällen dieser Art, ist die Intuition wahrscheinlich trügerisch.

Wenn Sie versuchen, die Anwesenheit einer Person zu spüren, achten Sie auf die folgenden Dinge:

- Wie warm oder kalt ist ihre Energie?
- Haben Sie das Gefühl, dass Ihre Energie in ihrer Nähe versiegt?
- Gibt es eine freundliche Wärme, die Sie zu der Person hinzieht?
- Können Sie leichte Ablenkbarkeit spüren?

Beobachten Sie die Augen

Das Auge ist ein sehr leistungsfähiges Organ. Über die Augen können so viele Informationen ausgetauscht werden. Wenn jemand Sie heimlich von Herzen hasst, können Sie das der Person an den Augen ablesen. Umgekehrt ist es so, dass wenn sie Sie mit Liebe überschütten will, diese Liebe und Zuneigung in den Augen der

Person sichtbar wird. Die Augen vermitteln mächtige Energien - der Dichter Rumi nennt diese Methode der Kommunikation einfach „den Blick". Genau wie das Gehirn senden auch die Augen starke elektromagnetische Signale aus. Diese Signale sind der Grund dafür, dass man sich manchmal beobachtet fühlen kann, auch wenn niemand in der Nähe ist.

Jäger, Soldaten und Polizisten berichten immer wieder von diesem Gefühl. Die Macht der durch die Augen übertragenen Energien ist auch der Grund, warum es in einigen Kulturen den so genannten „bösen Blick" gibt. Man glaubt, dass dieser böswillige Blick so mächtig ist, dass er dem Empfänger tatsächlich Unglück bringen kann.

Achten Sie auf die Augen der Menschen, denen Sie begegnen. Sind sie gemein? Nett? Wütend? Ruhig? Sogar sexy? Beachten Sie, dass sich das Gesicht von den Augen unterscheidet. Eine Person kann einen bösen Blick haben, während ihre Augen sanft wirken. Die Art und Weise, wie jemand Sie ansieht, kann bei Ihnen eine Reihe von Reaktionen hervorrufen. Beispielsweise kann Ihnen jemand mit seinen Augen das Gefühl geben, glücklich, bewundert, verängstigt oder wütend zu sein. Versuchen Sie auch zu erkennen, ob die Person versucht, ihre wahren Gefühle zu verbergen.

Wenn Sie den Menschen in die Augen sehen, schauen Sie nie zu tief hinein. Die Augen mancher Menschen haben eine hypnotische Wirkung. Wenn Sie einer Person nicht vertrauen, schauen Sie ihr bloß nicht tief in die Augen. Je weniger Sie sich auf Menschen mit negativer Energie einlassen, desto unwahrscheinlicher ist es, dass Sie sich auf deren Energieniveau einlassen. Schauen Sie deswegen nur jemandem, dem Sie vertrauen und in dessen Gesellschaft Sie sich wohl fühlen, in die Augen. Lassen Sie sich von der wunderbaren Energie der Person umspülen.

Beobachten Sie, wie sich eine Berührung, eine Umarmung und ein Händedruck anfühlen

Energie wird normalerweise durch physischen Kontakt übertragen. Das ist so ähnlich zu verstehen, wie der Fluss elektrischer Ströme durch Kabel und Leitungen. Körperlicher Kontakt mit jemandem kann Ihnen viel über seine Gefühle oder Absichten Ihnen gegenüber verraten. Achten Sie darauf, wie es sich anfühlt, wenn Sie jemanden umarmen. Fühlt es sich warm an? Zuversichtlich? Abweisend? Gemütlich? Sind die Hände schwitzig oder klamm? Ist der Griff so stark, dass Sie sich erdrückt fühlen? Was auch immer Sie bei der körperlichen Berührung spüren, kann Ihnen einen Einblick in die Emotionen und den Geisteszustand der Person geben.

Neben den physischen Hinweisen kann Ihnen auch die Ausstrahlung, die Sie empfangen, die Emotionen einer Person verraten. Wenn manche Menschen Ihr Inneres förmlich schütteln, vermitteln sie Gefühle der Freude, Freundlichkeit oder Ruhe. Im Gegensatz dazu vermitteln andere Personen Feindseligkeit, Anhänglichkeit oder entziehen Ihnen sogar schnell die Kraft. Seien Sie vorsichtig mit Menschen, die Ihnen die Kraft rauben. Wenn Sie zu viel Zeit mit ihnen verbringen, kann das Ihren Energievorrat aufbrauchen. Wenn Sie die Energie einer Person nicht als angenehm empfinden, vermeiden Sie jeglichen körperlichen Kontakt mit dieser Person.

Beachten Sie ihren Tonfall

Wenn jemand lacht oder spricht, achten Sie auf seinen Tonfall. Der Ton und das Stimmvolumen können Ihnen ebenfalls viel über die Gefühle der Person verraten. Schwingungen werden durch Tonfrequenzen erzeugt. Frequenzen hört man unter anderem durch die Lautstärke. Wenn Sie sie nicht hören, können Sie sie unterhalb eines hörbaren Bereichs spüren. Beobachten Sie, wie der Tonfall oder das Lachen verschiedener Menschen auf Sie wirken. Worte werden von der Energie des Tons, der Wärme und der Kälte der Menschen getragen.

Achten Sie darauf, ob der Tonfall einer Person beruhigend, weinerlich, schnippisch oder abweisend ist. Ist ihr Ton laut? Nuschelt sie oder spricht sie leise? Spricht die Person in einem langsamen, monotonen Ton? Die Art, wie Menschen lachen, deutet auf Unbeschwertheit hin. Fragen Sie sich selbst: Klingt das Lachen dieser Person echt? Vorgetäuscht? Gehässig? Kindisch? Schwer? Achten Sie auf die Tonlage der Person und darauf, wie Sie sich beim Zuhören fühlen.

Konzentrieren Sie sich auf ihre allgemeine Stimmung

Versuchen Sie, neben der Stimme, den Augen und der Berührung einer Person auch ein Gefühl für deren Gesamtausstrahlung zu bekommen. Was fühlen Sie, wenn Sie sich am selben Ort wie diese Person befinden? Was sagt Ihnen die Energie, die sie ausstrahlt? Woher kommt sie? Kommt sie von einem Ort der Sorge oder der

Fürsorge? Ist die Ausstrahlung, die Sie wahrnehmen, positiv? Strahlt sie Ihnen gegenüber Freundlichkeit aus? Oder haben Sie das Gefühl, dass ihre Absichten trügerisch oder gar boshaft sein könnten? Energie lügt nicht, also ist das, was Sie durch die allgemeine Ausstrahlung der Person spüren, wahrscheinlich der wahre Einblick in deren Seele.

Energien zu lesen ist einfach, aber man muss es richtig machen. Im Folgenden finden Sie Tipps dazu, wie Sie die Energie von jemandem lesen können, den Sie gerade erst kennengelernt haben.

- **Verbindungen aufbauen**: Das Erste, was Sie tun sollten, wenn Sie jemanden treffen, ist, ihm Ihr Wohlwollen entgegenzubringen. Das tun Sie, indem Sie die Person herzlich und positiv begrüßen. Auf diese Weise können Sie eine Verbindung zu ihr aufbauen. Noch wichtiger ist, dass Sie sich dabei keine bewusste oder unbewusste Meinung über die Person bilden. Sie müssen sicherstellen, dass Sie sich kein Urteil über die Person, die Sie zu lesen versuchen, gebildet haben. Die Bedeutung dieses Punktes kann nicht genug betont werden, also nehmen Sie diesen Hinweis bitte sehr ernst. Wenn Sie sich im Voraus ein Urteil bilden, sei es positiv oder negativ, kann das eine eindeutige Lesung verhindern. Sie müssen so neutral wie möglich bleiben.

- **Intention festlegen**: Was wollen Sie über die Person wissen, die Sie gerade lesen? Diese Frage sollten Sie sich stellen, um sich auf Ihre Absicht zu konzentrieren. Die Frage muss einfach, aber bewusst gestellt werden. Sie impliziert, dass Sie zu einem bestimmten Zeitpunkt Informationen über die Person erfahren möchten. Diese Frage ist von entscheidender Bedeutung, denn sie ermöglicht es Ihnen, die Informationen zu filtern, die Sie beim Lesen erhalten. Stellen Sie sich das so vor, als hätten Sie um eine Führung Ihrer Intuition gebeten. Genau darum geht es.

  Der Mensch ist ein komplexes Gebilde, und es gibt so viele, vielleicht zu viele Informationen über die Menschen, die Sie treffen, herauszufinden. Die meisten dieser Informationen haben nichts mit Ihrer Beziehung zu ihnen zu tun, also brauchen Sie nicht alle verfügbaren Informationen. Das bedeutet, dass Sie sich vornehmen müssen, bewusst nur die Informationen aufzunehmen, die für Ihre gegenwärtige

Beziehung mit ihnen relevant sind. Dadurch wird jedes Signal, das Sie erhalten, für Sie deutlich sichtbar.

- **Hören Sie zu:** Konzentrieren Sie sich. Achten Sie auf alle Gedanken, die während des Lesens auftauchen. Nehmen Sie jeden Gedanken, jedes Gefühl und jedes Bild, das Sie erhalten und das mit dem zu tun hat, was Sie wissen wollen, ohne Wertung zur Kenntnis. Denken Sie nicht über die Wichtigkeit oder Unwichtigkeit dessen nach, was Sie erfahren, sondern nehmen Sie das Wissen einfach an. Für viele Menschen ist das Haupthindernis für die Nutzung ihrer Intuition die Unfähigkeit, Vertrauen zu entwickeln. Sie erhalten immer intuitive Informationen, unabhängig von Ihren persönlichen Gefühlen. Sie müssen nur offen sein, und dazu bereit, sie zu hören.

  Doch viele Menschen verwerfen ihre Intuition, ohne auch nur zu versuchen, auf sie zu hören. Sie denken, dass intuitive Informationen imaginär, irrelevant oder unlogisch sind. Verhalten Sie sich bitte nicht so. Bevor Sie eine Information, die Sie von einer Person erhalten, abtun, seien Sie neugierig, versuchen Sie herauszufinden, wie die Information Ihnen helfen könnte. Vertrauen Sie darauf, dass die Information aus einem bestimmten Grund zu Ihnen gekommen ist, auch wenn Sie diesen Grund noch nicht kennen.

- **Beobachten Sie:** Achten Sie darauf, wie Sie die Informationen, die Sie erhalten, am eigenen Leib empfinden. Auch wenn wir gerne glauben, dass wir eine feste individuelle Identität haben, haben alle Menschen eine durchlässige zwischenmenschliche Grenze. Wenn Sie diese Grenze anzapfen, werden Sie empfänglich für die Energie, die Gefühle und die Gedanken anderer Menschen. Wenn Sie Ihre Selbstwahrnehmung bis zu einem gewissen Grad entwickelt haben, können Sie genau wissen, was mit jemandem los ist, indem Sie beobachten, wie die Person sich fühlt, wenn Sie in ihrer Nähe sind. Das geht zurück auf alles, was wir im vorherigen Teil dieses Buches besprochen haben: Emotionen, Tonfall, Körperkontakt, Augen und die allgemeine Ausstrahlung Ihres Gegenübers.

Um ein geschickter Energieleser zu werden, müssen Sie sich selbst darin schulen, zu erkennen, was Sie aus den Menschen herauslesen. Es ist einfach und unkompliziert, Ihre eigene Intuition zu nutzen, um andere Menschen zu lesen. Je mehr Sie üben, desto besser werden Sie im intuitiven Lesen.

Sie brauchen keine Hellseher, um zu wissen, was Sie von den Menschen um Sie herum zu erwarten haben. Ihre Intuition reicht völlig aus. Ihre Fähigkeit, Menschen intuitiv zu lesen, geht auf Ihr Drittes Auge zurück. Wenn Sie es nicht aktivieren, bleibt Ihre Intuition auf der Grundebene. Arbeiten Sie deshalb daran, Ihr Drittes Auge zu aktivieren, um erfolgreich Energien lesen zu können.

Kapitel 7: Die Chakren kennenlernen

Vorhin habe ich erwähnt, dass die Chakren die unsichtbaren Energiezentren des Körpers sind. Ich bin jedoch nicht näher darauf eingegangen, was sie zu Energiezentren macht. In diesem Kapitel werden wir uns eingehend mit den Chakren und ihrer Bedeutung für Ihre psychischen Fähigkeiten befassen.

In Ihrem Körpersystem gibt es viele Chakren. Die bekanntesten sind jedoch die sieben, die das Chakra System bilden. Wenn Sie sich nicht zum ersten Mal mit dem Thema Spiritualität beschäftigen, haben Sie wahrscheinlich schonmal gehört, dass manche Menschen ihre Chakren „deblockieren" wollen, was bedeutet, dass sie blockiert oder geöffnet werden können. Vielleicht haben Sie auch schon Facebook-Posts gesehen, in denen Menschen davon sprachen, dass sie Steine und Kristalle verwenden, um ihre Chakren auszugleichen. Wenn die Chakren geöffnet sind, fließt die Energie frei durch sie hindurch und harmonisiert den physischen Körper, den Geist und die Seele. Die wörtliche Übersetzung von „Chakra" im Sanskrit lautet „Rad", weshalb ich Ihnen erklärt habe, dass Sie sich die Chakren wie die Räder eines Motors vorstellen sollen. Wenn Sie sich die Chakren auf diese Art visualisieren, sollten Sie ein Bild von viele Rädern vor Augen haben, die von Lebensenergie durchflossen werden.

Erlauben Sie mir, Ihnen einen kurzen Überblick darüber zu geben, was Chakren sind.

Sie haben einen physischen Körper. Ihr physischer Körper trägt eine Seele in sich. Aber das ist noch nicht alles. Neben Ihrem physischen Körper haben Sie auch einen Energiekörper, die Aura. Im nächsten Kapitel geht es ausführlicher um das Thema Aura, deshalb werde ich jetzt nicht näher auf die Aura eingehen. Wie der Name schon sagt, ist Ihre Aura wie eine Art energetische Blaupause Ihres physischen Körpers. Es geht hier darum, dass Sie neben dem physischen Körper, den Sie sehr gut kennen, auch einen Energiekörper haben.

Die sieben Chakren sind Energiepunkte, die überall in Ihrem Körpersystem zu finden sind, weshalb sie auch als Energiezentren bezeichnet werden. Sie verarbeiten Energie und lassen sie frei zu jedem Teil Ihres Körpers fließen. Die sieben Chakren verarbeiten nicht alle Energie für einen bestimmten funktionellen Aspekt. Stattdessen haben sie alle einen bestimmten Bereich, mit dem sie verbunden sind. Die Chakren reagieren sehr empfindlich auf Ihre Gedanken und Emotionen und auf vergangene Traumata, die mit Gefühlen und Emotionen verbunden sind. Die meisten Menschen gehen davon aus, dass Gesundheit rein körperlich ist, und deshalb lassen sie ihre geistige Gesundheit leiden. Sie vernachlässigen ihre Gedanken und Emotionen, weil sie glauben, dass diese keinen großen Einfluss haben, aber das ist überhaupt nicht richtig.

Angenommen, Sie haben ein Magenproblem, das schon seit Ihrer Jugend besteht. Jeder weiß, dass Sie einen empfindlichen Magen haben. Außerdem haben Sie auch das Gefühl, Ihr Leben nicht im Griff zu haben. Ihre Eltern sagen Ihnen immer, dass Sie die Dinge auf ihre Weise tun sollst. Obwohl Sie es nicht mögen, wenn andere Ihnen vorschreiben, wie Sie Ihr Leben zu leben haben, glauben Sie, dass es unverantwortlich wäre, den Anweisungen Ihrer Eltern und anderer Autoritätspersonen nicht zu folgen. Sie unterdrücken Ihre wahren Gefühle in dieser Situation. Welcher Zusammenhang besteht zwischen dieser Situation und Ihrem Magenproblem? Doch eigentlich keiner, richtig? Falsch! Die beiden Phänomene sind eng miteinander verbunden, aber das ist Ihnen zu diesem Zeitpunkt noch nicht bewusst.

Weil andere Menschen ohne Ihre Zustimmung die Kontrolle über Ihr Leben ausüben, haben Sie eine negative Programmierung in Bezug auf deren vermeintlich Macht erfahren. Ihre Eltern diktieren

Ihnen Ihr Leben und lassen Sie ohne persönliche Macht zurück, was ein Problem sein kann. Dadurch wird Ihr Solarplexuschakra blockiert, weil Sie die Emotionen unterdrücken, die Sie empfinden, weil Ihnen die Autoritätspersonen in Ihrem Leben die Macht genommen haben. Sie wissen es zwar noch nicht, aber dadurch manifestiert sich in Ihrem physischen Körper ein unangenehmes Magenproblem. Sie sehen also, wie Ihr physischer Körper, Ihr Geist und Ihre Seele miteinander verbunden sind. Die Chakren erhalten die Verbindung zwischen diesen drei Dingen aufrecht und sind daher für Ihr allgemeines Wohlbefinden unerlässlich.

Wurzelchakra

Das erste Chakra entlang des Energiesystems ist das Wurzelchakra, das sich an der Basis der Wirbelsäule befindet. Es handelt sich um die erste Komponente, das sich in Ihrem Energiesystem entwickelt. Es ist eine Darstellung Ihres grundlegenden und ursprünglichen Instinkts, der einfach nur darin besteht, zu überleben. Ihr Wurzelchakra befasst sich mit Ihrer Sicherheit, Geborgenheit und Stabilität, daher kommt auch seine Nähe zur Erde, damit Sie immer geerdet bleiben können. Angenommen, Sie haben eine stabile Beziehung, eine Karriere und ein insgesamt stabiles Leben. Das deutet darauf hin, dass sich Ihr Wurzelchakra in einem guten Zustand befindet. Seine Nähe zur Erde ermöglicht es Ihnen, selbstbewusst und präsent zu sein.

Wenn das Wurzelchakra ausgeglichen ist, fühlen Sie sich wahrscheinlich sicher, geborgen, geerdet, zentriert und glücklich. Wenn es unteraktiv ist und nicht optimal funktionieren kann, bedeutet das, dass eine Blockade vorliegt. Zu den Symptomen einer Blockade gehören Furcht, Angst, Ungewissheit, finanzielle Instabilität und Abgehobenheit. Man wird dadurch auch vom Körperlichen abgekoppelt. Manchmal kann es aber auch zu einer Überaktivität kommen. Wenn dies geschieht, bedeutet es, dass das Wurzelchakra jeden Teil Ihres Lebens beherrscht. Es beeinflusst die Art und Weise, wie Sie mit der Welt und den Menschen in ihr interagieren.

Zu den Symptomen eines überaktiven Wurzelchakras gehören Aggressivität, Materialismus, Gier, Zynismus und Machthunger. Blockaden und Ungleichgewicht im Wurzelchakra äußern sich physisch als:

- Verstopfung
- Essstörungen
- Probleme im unteren Rücken
- Ischias
- Schmerzen in den Beinen

Rot ist die Farbe des Wurzelchakras. Die Nebennierendrüse ist die Verbindungsdrüse. Normalerweise kann jeder rote Edelstein zur Reparatur und Heilung des Wurzelchakras verwendet werden.

Sakralchakra

Das Sakralchakra entwickelt sich nach dem Wurzelchakra und ist damit das zweite Chakra im Chakra System. Es befindet sich unterhalb des Nabels, an dem Punkt, an dem sich Ihre Fortpflanzungsorgane befinden. Daher können Sie wahrscheinlich erahnen, dass es Ihre sexuellen Wünsche, Ihre schöpferische Kraft und Ihre Verbindung zu anderen Menschen kontrolliert. Wenn es ausgeglichen und gesund ist, bedeutet das, dass Sie ein höchst kreatives und freudiges Leben führen. Es bedeutet auch, dass Sie eine große Lebensfreude haben. Sie erforschen und entdecken mit Freude die Welt um sich herum. Sie fühlen sich wohl mit Ihrer Sexualität und haben eine gesunde sexuelle Beziehung zu Ihrem Partner. Intimität fällt Ihnen leicht, und Sie verweigern sich nicht den vielen Freuden des Lebens.

Ein ausgeglichenes und gesundes Sakralchakra äußert sich in Leidenschaft, Offenheit, Kreativität, Optimismus und einer gesunden Libido. Wenn es blockiert oder unteraktiv ist, zeigen sich unter anderem folgende Anzeichen:

- Geringe Libido
- Mangel an Kreativität
- Unfähigkeit, intime Beziehungen einzugehen
- Dysfunktionale Beziehungen
- Gefühle der Isolation
- Störung der sexuellen Identität

Wenn das Sakralchakra hyperaktiv ist, können Sie unter anderem folgende Symptome bekommen:

- Sucht nach Sex
- Manipulative Tendenzen
- Hedonismus
- Übermäßige Emotionalität

Wenn das Sakralchakra ungesund oder blockiert ist, zeigen sich körperliche Symptome wie z. B.:

- Unfruchtbarkeit oder Impotenz
- Sexuelle Dysfunktion
- Hüftschmerzen
- Unregelmäßige Menstruation
- Probleme beim Wasserlassen

Orange ist die Farbe des Sakralchakras. Die verbindenden Drüsen sind die Gonaden. Edelsteine, die orangefarben sind, helfen typischerweise, das Sakralchakra zu reparieren und zu heilen. Zu diesen Edelsteinen gehören zum Beispiel orangefarbener Saphir, Karneol, Topaz und viele weitere.

Solarplexuschakra

Der Solarplexus befindet sich direkt über dem Nabel und ist das Dritte Chakra im Energiesystem. Es befindet sich genau in der Mitte der Magengegend. Es ist das Chakra, das Ihnen das sogenannte Bauchgefühl - ein flaues Gefühl als Reaktion auf Gefahr oder Sorgen - im Magen gibt. Es hat auch mit Intuition zu tun, aber nicht auf die gleiche Weise wie das Dritte Auge. Das Solarplexuschakra regelt Ihre Macht und Ire Kontrolle über Ihr eigenes Leben. Wenn Sie das Gefühl haben, dass Sie die Kontrolle über Ihr Leben und jede Entscheidung, die Sie treffen, haben, bedeutet das, dass Ihr Solarplexus in bester Verfassung ist. Dann fühlen Sie sich frei wie ein Vogel. Menschen, die aus Kulturen kommen, die Gehorsam gegenüber Autoritätspersonen erzwingen, ohne Fragen zu stellen, haben oft Probleme mit ihrem Solarplexuschakra.

Wenn Ihr Solarplexus ausgeglichen und gesund ist, fühlen Sie sich natürlich selbstbewusst und haben die Kontrolle über Ihr Leben. Sie haben auch eine sehr starke persönliche Kraft und ein erstaunliches Bewusstsein für sich selbst. Außerdem haben Sie Antrieb und Motivation. Wenn es jedoch blockiert oder unteraktiv ist, können folgende Symptome auftreten:

- Mangelnde Orientierung im Leben
- Geringes Selbstwertgefühl
- Minderwertigkeitskomplex
- Erhöhte Empfindlichkeit gegenüber Kritik
- Gefühl der Ohnmacht

Bei Überaktivität treten häufig folgende Symptome auf:

- Herrschsüchtige Haltung
- Egoismus
- Lust auf Macht
- Perfektionismus
- Beurteilende Meinungen gegenüber Ihren Mitmenschen

Blockaden, Schlacken und allgemeine Probleme im Solarplexus manifestieren sich physisch als:

- Bluthochdruck
- Hypoglykämie
- Empfindlicher Magen
- Probleme mit der Verdauung
- Diabetes
- Chronische Müdigkeit

Gelb ist die Farbe des Solarplexuschakras. Seine Verbindungsdrüse ist die Pankreasdrüse. Gelbe Edelsteine wirken effektiv bei der Heilung und tragen zum Ausgleich dieses Chakras bei. Beispiele für Edelsteine für dieses Chakra sind der gelbe Saphir, Bernstein und Citrin.

Herzchakra

Das Herzchakra befindet sich in der Mitte der Brust. Es befindet sich direkt neben dem physischen Herzen. Finden Sie, dass dieser Teil Ihrer Brust warm anfühlt, wenn Sie an einen geliebten Menschen denken? Das ist die Wirkung Ihres Herzchakras. Es ist eines der am einfachsten zu verstehenden Chakren. Es kontrolliert Ihre Fähigkeit, Liebe zu senden und zu empfangen. Es beschützt Ihre Beziehungen, Ihr Gefühl der Solidarität mit Ihren Mitmenschen und Ihr Mitgefühl. Wenn Sie sich ständig in toxischen Beziehungen befinden oder Angst davor haben, sich zu verlieben, ist das ein Zeichen dafür, dass Ihr Herzchakra geheilt oder korrigiert werden muss.

Das Gleichgewicht in Ihrem Herzchakra zeigt sich in der Art und Weise, wie Sie mit den Menschen um sich herum umgehen. Anzeichen für Ausgeglichenheit sind unter anderem:

- Frieden und Ausgeglichenheit
- Das Gefühl, zu lieben und geliebt zu werden
- Toleranz
- Mitgefühl für andere Lebewesen
- Verbindung zu allem Leben im Universum

Ein blockiertes oder unteraktives Herzchakra kann in Ihnen Gefühle von Bitterkeit und Hass auslösen. Mangelndes Einfühlungsvermögen, Intoleranz, Verlust der Verbindung zu anderen in Ihrem Leben und Vertrauensprobleme sind weitere Anzeichen für eine Blockade oder Unteraktivität. Wenn es überaktiv ist, treten folgende Symptome auf:

- Eifersucht
- Gegenseitige Abhängigkeit
- Bedürftigkeit oder Anhänglichkeit
- Selbstaufopferung
- Übermäßiges Schenken von Aufmerksamkeit und materiellen Geschenken

Herzchakra-Probleme manifestieren sich körperlich als:

- Probleme im oberen Rücken
- Herzkrankheit
- Kreislaufprobleme
- Hoher Blutdruck
- Probleme mit der Lunge

Grün ist die Farbe des Herzchakras. Seine Verbindungsdrüse ist die Thymusdrüse. Edelsteine, die grün gefärbt sind, eignen sich in der Regel gut zur Klärung und zum Ausgleich des Herzchakras. Zu diesen Edelsteinen gehören zum Beispiel der Smaragd, die Jade, der Rosenquarz und viele weitere.

Kehlkopfchakra

Das Kehlkopfchakra befindet sich, wie der Name schon sagt, in der Kehle. Es wird mit Sprache und Kommunikation in Verbindung gebracht. Damit meine ich Ihre Fähigkeit, sich auf prägnante Weise auszudrücken. Es geht also um die Ebenen Ihrer Kommunikationsfähigkeiten und Ihres Selbstausdrucks. Wenn Sie das Gefühl haben, dass Sie Schwierigkeiten haben, Ihre Gedanken und Gefühle wirksam auszudrücken, ist das ein Zeichen für ein Problem Ihres Kehlkopfchakras, das darauf wartet, angegangen zu werden. Ein offenes und gesundes Kehlkopfchakra bedeutet, dass Sie selbstbewusst für sich selbst sprechen und Ihre Meinung sagen können, ohne Angst vor Kritik zu haben.

Wenn Sie im Gleichgewicht sind, können Sie die Symptome erkennen. Sie umfassen:

- Klare Kommunikation
- Die Fähigkeit, sich ohne Angst und Hemmungen auszudrücken
- Kreativität
- Selbstvertrauen beim Halten einer Rede
- Diplomatie
- Die Fähigkeit, fundierte und wertvolle Ratschläge zu erteilen

Andererseits zeigen Menschen mit einem blockierten oder unteraktiven Kehlkopfchakra diese Symptome:

- Unfähigkeit, die Wahrheit zu sagen
- Unfähigkeit, sich wirksam auszudrücken
- Neigung dazu, missverstanden zu werden
- Geheimnisvolle Verschwiegenheit

- Probleme beim Zuhören oder Verstehen von Kommunikation mit anderen Menschen

Wenn Ihr Kehlkopfchakra überaktiv ist, können sich die folgenden Anzeichen zeigen:

- Scharfe Kritik an anderen
- Übermäßig rechthaberische Tendenzen
- Klatschhafte Haltung
- Schreien und über andere hinwegreden
- Probleme im Halschakra können sich körperlich manifestieren als:
- Ein schwaches Immunsystem
- Anfälligkeit für Grippe
- Chronischer Husten
- Halsweh
- Probleme mit dem Gehör

Blau ist die Farbe des Kehlkopfchakras. Die Verbindungsdrüse ist die Schilddrüse. Blaue Edelsteine eignen sich am besten, um sie zu reinigen und zu heilen.

Chakra des Dritten Auges

Da ich bereits in einem ganzen Kapitel über das Dritte Auge gesprochen habe, werde ich mich hier sehr kurzfassen. Wie Sie bereits wissen, befindet sich das Chakra des Dritten Auges in der Mitte Ihrer Stirn. Es ist das bekannteste Chakra, weil es mit Intuition und übersinnlichen Fähigkeiten verbunden ist. Es ist der Sitz der Intuition; es ist das Auge des Geistes. Wenn es offen und ausgeglichen ist, treten folgende Symptome auf:

- Eine aktive Vorstellungskraft
- Hohe Intuition
- Scharfe Gedanken und ein klarer Verstand
- Sinn für Orientierung und eine Vision für die Zukunft
- Außersinnliche Wahrnehmung

Ein blockiertes oder unteraktives Drittes Auge zeigt Anzeichen wie:
- Mangelnde Konzentration
- Mangelnde Kreativität und Vorstellungskraft
- Schlechtes Gedächtnis
- Schlechtes Urteilsvermögen
- Verlust der Orientierung
- Fehlende außersinnliche Wahrnehmung

Ein überaktives Drittes Auge zeigt unter anderem folgende Anzeichen:
- Halluzinationen
- Wahnvorstellungen
- Albträume und Tagträume
- Zwanghafte Gedanken
- Hyperaktive außersinnliche Wahrnehmung

Probleme im Chakra des Dritten Auges können sich körperlich manifestieren als:
- Schlechte Sicht
- Augenerme Sic
- Kopfschmerz
- Unruhiger Schlaf
- Probleme mit dem Gedörperli
- Konzentrationsschwedör

Lila oder Indigo ist die Farbe des Chakras des Dritten Auges. Die verbindende Drüse ist die Zirbeldrüse. Lila-farbige Edelsteine sind in der Regel wirksam für die Klärung und den Ausgleich dieses Chakras.

Kronenchakra

Das Kronenchakra befindet sich ganz oben auf dem Kopf, in dem Bereich, der als Krone bezeichnet wird. Es handelt sich um die Darstellung Ihrer Verbindung zu Ihrem höheren Bewusstsein. Es ist das Zentrum der Spiritualität in Ihrem Körper, weil es sich in der Nähe Ihrer Hauptenergiequelle und Ihres höheren Selbst befindet. Es handelt sich um den Kanal, durch den Ihre Seele Ihren Körper verlässt, wenn die Zeit gekommen ist. Wenn Sie meditieren, ist es dieses Chakra, durch das Sie Zugang zum Universum haben. Wenn es ausgeglichen und gesund ist, zeigt es unter anderem folgende Symptome:

- Den Glauben an den Kosmos
- Eine Verbindung zum Göttlichen
- Ein Gefühl der universellen Liebe
- Die Fähigkeit, Informationen besser zu verstehen
- Hohe Intelligenz und Selbsterkenntnis

Eine blockierte und unteraktive Krone zeigt unter anderem folgende Symptome:

- Isolation und Depression
- Herausforderungen beim Lernen
- Ein Gefühl von Nebel im Gedächtnis, Erinnerungsprobleme
- Abkopplung vom Spirituellen
- Verlust des Glaubens

Bei Überaktivität sind die Anzeichen in der Regel folgende:

- Spirituelle Besessenheit oder Sucht
- Beurteilender Charakter
- Dogmatismus
- Unbegründete Gefühle der Abneigung gegenüber anderen

Probleme können sich hier auch physisch manifestieren:

- Neurologische Probleme
- Nervenschmerzen
- Migräne
- Kognitive Probleme

Weiß ist die Farbe des Kronenchakras. Die verbindende Drüse ist die Hirnanhangsdrüse. Alle klaren Edelsteine wie zum Beispiel Amethyst, Diamant oder klarer Quarz können sehr wirksam sein, um das Kronenchakra zu reinigen und auszugleichen.

Wie der Chakra-Ausgleich die psychische Entwicklung beeinflusst

Um Ihre übersinnlichen Fähigkeiten zu entwickeln oder zu stärken, ist das Ausbalancieren Ihrer Chakren einer der wichtigsten Schritte, die Sie unternehmen müssen. Ohne Gleichgewicht können Sie keine göttliche Führung erhalten oder sich mit geistigen Führern verbinden. Die Notwendigkeit Ihre Chakren offen und ausgeglichen zu halten ist nicht verhandelbar, wenn Sie Ihre hellseherischen Fähigkeiten entwickeln wollen. Sie fragen sich wahrscheinlich, warum die Chakren so wichtig für die psychische Entwicklung sind. Dafür gibt es mehrere Gründe, aber ich werde Ihnen die drei wichtigsten an dieser Stelle genauer erläutern.

Jeder Ihrer Hellsinne ist mit einem Chakra verbunden. Ihre Chakren sind Teil dessen, was das Energiesystem ausmacht. Sie sind Ihre Verbindung zur spirituellen Welt und zum Universum. Wie Sie bereits wissen, ist das Öffnen des Dritten Auges der Schlüssel zur Aktivierung Ihrer hellseherischen Sinne. Das ist zwar richtig, aber das Chakra des Dritten Auges ist nicht das einzige, das mit Ihren übersinnlichen Sinnen verbunden ist.

Mehrere Ihrer Chakren sind mit den wichtigsten übersinnlichen Sinnen verbunden. Wenn Sie sich einmal genauer entsinnen, fällt Ihnen auf, dass die vier wichtigsten übersinnlichen Sinne das Hellsehen, Hellhören, Hellfühlen und Hellwissen sind.

- Hellsichtigkeit ist mit dem Chakra des Dritten Auges verbunden
- Hellhörigkeit ist mit dem Kehlkopfchakra verbunden
- Hellfühligkeit ist mit dem Solarplexuschakra verbunden
- Hellwissen ist mit dem Kronenchakra verbunden

Wenn diese Chakren offen, klar und ausgeglichen sind, bedeutet dies, dass auch die Portale zu diesen übersinnlichen Sinnen offen und klar sind. Sie zu deblockieren ist gleichbedeutend mit der Deblockierung Ihrer spirituellen Zugangsportale. Wenn Sie in der Lage sind, eine routinemäßige Heilpraxis aufzubauen, verbessern Sie auch Ihre übersinnlichen Sinne, nicht nur Ihre Chakren.

Wie funktioniert das? Die Antwort auf diese Frage liegt im zweiten Grund.

Ein ausgeglichenes Energiesystem ist der Schlüssel zum Empfang übersinnlicher Botschaften. Die Chakren sind Teil des gesamten Energiesystems. Es gibt eine zentrale Energiesäule im Energiesystem, die entlang der gesamten Länge der Wirbelsäule verläuft und Sie über Ihr Kronenchakra mit dem Universum und über Ihr Wurzelchakra mit der Erde verbindet. Jedes Chakra ist wie eine Station entlang der Energiesäule und sie regulieren, wie die Energie durch den ganzen Körper fließt. Um übersinnliche Botschaften zu empfangen, müssen die Energiesäule, Ihre Chakren und der Rest des gesamten Energiesystems in einem klaren und gesunden Zustand sein -nur so kann der freie Fluss der Energie ohne Blockaden gewährleistet werden.

Kehren wir zu dem Beispiel mit der Fensterscheibe zurück. Erinnern Sie sich, dass wir sagten, die Fensterscheibe sei mit dickem Staub bedeckt? Stellen Sie sich nun vor, Sie würden versuchen, aus dem Fenster zu schauen, während der ganze Staub Ihnen noch immer die Sicht verdeckt. Werden Sie etwas sehen können? Eindeutig nicht. Vielleicht können Sie nicht einmal einen flüchtigen Blick erhaschen. Stellen Sie sich nun vor, Sie nehmen Ihre Reinigungsmittel und entfernen den ganzen Schmutz und Staub von der Fensterscheibe. Was passiert, wenn es langsam klar und glänzend wird? Sie können sofort durch das Fenster nach draußen oder nach drinnen sehen, abhängig davon, auf welcher Seite Sie stehen.

Genauso verhält es sich auch mit Ihren übersinnlichen Sinnen und Ihren Fähigkeiten. Wenn es zu viele Energieblöcke und Schlacken in Ihren Chakren gibt, wird Ihr Weg zum Empfang von übersinnlichen Botschaften versperrt und unzugänglich. Deshalb müssen Sie dafür sorgen, dass das System immer sauber und glänzend bleibt, um eine übersinnliche Entwicklung zu erreichen. Denken Sie daran, dass eine einmalige Reinigung des Energiesystems nicht ausreicht. Es mag für eine Weile funktionieren, aber ohne ständige Pflege wird es irgendwann wieder blockiert sein. Die Fähigkeit, die Chakren, mithilfe von regelmäßigen Pflegeübungen, offen und im Gleichgewicht zu halten ist der Schlüssel, um weiterhin übersinnliche Botschaften empfangen zu können.

Der dritte Grund, warum der Ausgleich der Chakren für die psychische Entwicklung entscheidend ist, betrifft Ihre Energieschwingungen. Ein Nebeneffekt der Reinigung Ihrer Chakren und Ihres Energiesystems ist, dass es Ihre Schwingungen intakt hält. Das Universum und alles in ihm ist durch vitale Lebenskräfte verbunden. Dennoch gibt es innerhalb des gesamten Kraftfeldes unterschiedliche Frequenzbänder. Das Frequenzband eines jeden Menschen ist das Abbild seiner Realität. Wenn Sie ein positiver Mensch mit positiver Energie sind, schwingen Sie auf einem höheren Frequenzband. Negative Energie lässt Sie in einem niedrigeren Frequenzbereich schwingen. Sie fragen sich bestimmt, was das mit Ihren Chakren zu tun hat.

Nun, Chakren werden meist durch negative Gedanken, Emotionen und Energien blockiert. Die Rückstände eines negativen Glaubenssystems und die Narben Ihrer vergangenen Traumata bilden Blockaden in Ihrem System. Nicht nur das, sondern Sie erlauben Ihnen auch, weiterhin auf einer niedrigeren Frequenz zu schwingen, wenn Sie an traumatischen Erinnerungen aus der Vergangenheit festhalten. Wenn Sie nicht verstehen können, wie dies Ihre Fähigkeit, übersinnliche Botschaften zu empfangen, einschränkt, lassen Sie es mich genauer erklären. Ihr höheres Selbst, Ihre Engel und Ihre Geistführer sind allesamt hochschwingende Wesen, d.h. sie existieren auf einer viel höheren Frequenz als wir Menschen. Angenommen, Sie wollen sich mit höher schwingenden Wesen im göttlichen Reich verbinden oder mit ihnen kommunizieren. In einem solchen Fall müssen Sie sicherstellen, dass Sie ebenfalls mit einer hohen Schwingungsfrequenz arbeiten. Wenn Ihre Frequenz auf einem niedrigeren Band liegt, können Sie sich nicht mit den höheren Reichen verbinden.

Wenn Sie Ihr System durch die Chakren von allen negativen Gedanken, Emotionen und Blockaden befreien, geben Sie der positiven Energie eine Chance, durch Sie hindurchzufließen. Auf diese Weise verringern Sie die Kluft zwischen sich selbst und der göttlichen Sphäre.

Klärung und Ausgleich der Chakren

Die Reinigung der Chakren und ihr Ausgleich ist keine einseitige Angelegenheit. Es gibt verschiedene Möglichkeiten, um den Chakra-

Ausrichtung anzugehen. Im Folgenden besprechen wir die kraftvollsten und einfachsten Wege, um die Chakren auszugleichen. Dazu gehören Übungen, Meditationstechniken, Routinen und Praktiken, die Sie leicht in Ihr Leben einbauen können. Sie können entscheiden, was am besten zu Ihrem Lebensstil passt, und einige Methoden können sogar kombiniert werden. Zum Beispiel können Sie Meditation mit Affirmationen kombinieren. Jedes Chakra reagiert auf unterschiedliche Heiltechniken, deshalb werden wir die Übungen einzeln betrachten.

Hinweis: Siehe Kapitel Vier für positive Affirmationen.

Das Wurzelchakra ausbalancieren

Wenn Sie wollen, dass Ihr Wurzelchakra immer offen, rein und ausgeglichen bleibt, müssen Sie kleine Veränderungen in Ihrem Lebensstil vornehmen. Diese kleinen Veränderungen werden sich kumulieren, um ein größeres Ergebnis zu erzielen. Erstens müssen Sie dafür sorgen, dass Sie jede Nacht die vollen 8 Stunden Schlaf bekommen. Gesunder Schlaf ist eine einfache Strategie, um sicherzustellen, dass Ihr Chakra nicht blockiert wird. Dann müssen Sie körperliche Übungen und Aktivitäten in Ihren Tagesablauf einbauen, die der Förderung Ihrer spirituellen Gesundheit dienen. Ihre Vorstellung von täglicher körperlicher Betätigung könnte beispielsweise ein kleinwenig Gartenarbeit jeden Tag sein. Gartenarbeit oder jede andere Tätigkeit, die Sie mit der Erde verbindet, ist in der Tat ideal, um das Chakra ins Gleichgewicht zu bringen.

Da die Farbe des Wurzelchakras rot ist, müssen Sie auch rot gefärbte Lebensmittel in Ihre Ernährung aufnehmen. Beispiele dafür sind Tomaten, Rüben und Granatäpfel. Erwägen Sie, rote Edelsteine wie Granat oder Rubin in Ihrer Umgebung aufzubewahren. Diese können dazu beitragen, die Ausstrahlung Ihres Wurzelchakras zu verstärken. Neben den kleinen Änderungen im Lebensstil können Sie mit der folgenden Übung das Gleichgewicht halten.

- Nehmen Sie die Schmetterlingshaltung ein. Greifen Sie sich mit beiden Händen an die Knöchel.
- Als Nächstes heben Sie Ihre Hüften an und beginnen, hin und her zu wippen - das stimuliert Ihren Dammbereich.

- Beobachten Sie alle subtilen Veränderungen in Ihrem Körper. Ein Beispiel für eine Veränderung, die Sie erleben könnten, ist die Erwärmung Ihres Körpers und die Öffnung Ihrer Hüften.
- Wiederholen Sie diese Übung 10- bis 100-mal.
- Vergessen Sie nicht, es sich bequem zu machen, während Sie diese Übung machen.

Ausgleich des Sakralchakras

Das Element des Sakralchakras ist Wasser. Daher ist die Entspannung in der Nähe von Wasser eine Möglichkeit, seine Energie zu klären und auszugleichen. Zu den körperlichen Aktivitäten, die Sie zu diesem Zweck in Ihren Tagesablauf aufnehmen können, gehören Schwimmen in der Natur, Spaziergänge im Regen oder das Beobachten von Regenschauern. Nehmen Sie außerdem mehr orangefarbenes Obst und Gemüse wie Karotten, Orangen usw. in Ihre Ernährung auf. Goldstein und Bernstein sind einige der Edelsteine, die Sie in Ihrer Umgebung aufstellen können, um den Energiefluss aufrechtzuerhalten. Und diese Heilübung ist perfekt für das Sakralchakra.

- Legen Sie sich flach auf den Bauch. Legen Sie die Arme an die Seite und lassen Sie die Handflächen zum Boden zeigen. Zeigen Sie mit den Zehen nach außen.
- Atmen Sie ein, und heben Sie das rechte Bein nach oben, ohne das Knie zu beugen.
- Atmen Sie aus, während Sie Ihr Bein wieder auf den Boden absenken. Gehen Sie dabei langsam und behutsam vor.
- Wiederholen Sie die Bewegung mit dem zweiten Bein, d. h. mit dem linken Bein.
- Führen Sie diese Bewegung dann noch einmal mit beiden Beinen gleichzeitig aus.
- Wiederholen Sie dies, bis Sie eine Ausbreitung von einem Gefühl der Wärme um Ihr Sakralchakra herum spüren.

Das Solarplexuschakra ausbalancieren

Einige der Lebensstiländerungen, die Sie vornehmen können, um das Gleichgewicht Ihres Solarplexuschakras zu fördern, sind das Lösen von Rätseln, das Lesen von Kunstbüchern oder die Teilnahme an kreativen Kursen. Die Energie, die notwendig ist, um Aufgaben zu Ende zu bringen, kann Ihnen helfen, Positivität zu erzeugen. Diese Energie wird beim Lesen von Büchern oder beim Lösen von Rätseln benötigt und kann Ihnen helfen, das Solarplexuschakra zu reaktivieren, selbst wenn es vorher inaktiv war. Verbringen Sie mehr Zeit damit, sich in der Sonne zu sonnen. Um Ihre Verdauung zu verbessern, sollten Sie ein Entgiftungsprogramm starten. Nehmen Sie mehr gelb gefärbte Lebensmittel wie Kamille und Kürbis in Ihre Ernährung auf. Achten Sie beim Meditieren darauf, dass Sie gelbe Edelsteine wie gelben Achat und Citrin um sich haben. Verwenden Sie gelbe ätherische Öle wie Rosmarin, um eventuelle Blockaden zu lösen.

Integrieren Sie neben diesen Veränderungen auch die folgenden Übungen in Ihre tägliche Routine:

- Nehmen Sie den halben Lotussitz ein, wobei das rechte Bein auf dem linken liegt.
- Legen Sie Ihre rechte Handfläche auf Ihren rechten Fuß.
- Atmen Sie ein und heben Sie die linke Hand zum Himmel. Konzentrieren Sie sich auf den Handrücken.
- Atmen Sie aus und senken Sie die Hand sanft zurück auf die Fußspitze.
- Wiederholen Sie diese Bewegung mit der anderen Hand.
- Wechseln Sie bis zu 10 Minuten lang zwischen der linken und der rechten Hand ab, bis Sie warme Empfindungen in Ihrem Solarplexus spüren.

Ausgleich des Herzchakras

Reine und positive Energie in Ihr Leben einzuladen, ist der sicherste Weg, Ihr Herzchakra zu klären und auszugleichen. Zu den Aktivitäten, die Ihnen dabei helfen können, gehören Spaziergänge in der Natur, Zeit mit Ihren Lieben oder ehrenamtliches Engagement für wohltätige Organisationen. Auf diese Weise nehmen Sie die Gefühle des Mitgefühls und der Empathie an. Dies wiederum erweckt Ihr Herzchakra und füllt es mit Positivität. Nehmen Sie grüne Lebensmittel und Getränke in Ihre Ernährung auf. Beispiele dafür sind Ingwertee und goldene Rüben. Bewahren Sie Steine wie Bernstein und Topas in Ihrem Haus auf.

Machen Sie außerdem jeden Tag die folgende Übung.

- Setzen Sie sich in den Lotussitz.
- Bilden Sie mit Ihren Händen eine Faust und führen Sie sie vor die Brust.
- Atmen Sie tief ein. Ziehen Sie beim Einatmen die Hände nach hinten an die Brust und weiten Sie sie so weit wie möglich. Achten Sie darauf, dass Ihr Rücken dabei aufrecht ist. Bleiben Sie mindestens 10 Sekunden lang so.
- Konzentrieren Sie sich beim Ausatmen wieder auf Ihre Körpermitte. Krümmen Sie Ihre Wirbelsäule ein wenig und kippen Sie Ihr Kinn nach unten.
- Wiederholen Sie die Übung 10-mal, wobei Sie für jede Bewegung 10 Sekunden benötigen sollten.
- Sie sollten spüren, wie sich ein kühles, erfrischendes Gefühl in Ihrer Brust ausbreitet, wenn sich das Chakra öffnet.

Das Kehlkopfchakra ausgleichen

Wie Sie bereits wissen, ist das Kehlkopfchakra das Zentrum des Selbstausdrucks. Daher sind Singen, mündliche Poesie und bedeutungsvolle Gespräche großartige Aktivitäten, um es auszugleichen. Jede Tätigkeit, bei der Sie Ihre Gedanken und Gefühle sinnvoll ausdrücken können, ist gut für das Kehlkopfchakra. Meditieren Sie auch mit blauen Edelsteinen, um die Kraft Ihres Kehlkopfchakras zu verstärken. Nutzen Sie außerdem diese Übung, um Gleichgewicht und Offenheit zu erhalten.

- Knien Sie sich auf den Boden, wobei die Zehen unter Ihnen gekrümmt sein müssen. Lassen Sie Ihre Hüfte auf den Fersen ruhen.
- Legen Sie Ihre Hände auf den unteren Rücken, dort, wo sich Ihre Niere befindet.

- Atmen Sie sanft, aber tief ein und aus.
- Beim Einatmen beugen Sie Ihren Körper leicht nach hinten, so weit es geht, während Ihr Kinn nach oben geneigt ist. Dadurch wird Ihr Kehlkopfchakra geöffnet.
- Wenn Sie ausatmen, lassen Sie Ihr Kinn nach unten zur Brust sinken, so dass sich Ihr Körper nach vorne beugt.
- Wiederholen Sie dies 10-mal, bis Sie spüren, wie sich Ihr Kehlkopfchakra öffnet und ausgleicht.

Das Chakra des Dritten Auges korrigieren

Tägliche Meditation ist zweifellos die beste Strategie, um Ihr Drittes Auge im Gleichgewicht zu halten. Meditation wird als Nahrung für den Geist betrachtet, und das Chakra des Dritten Auges ist das Auge des Geistes. Für welche Art der Meditation Sie sich auch entscheiden, Sie sollten sie bei Sonnenschein oder Mondlicht durchführen. Achten Sie außerdem auf ausreichenden Schlaf, um die Klarheit Ihres Geistes zu verbessern und Ihr Gedächtnis zu stärken. Indigofarbene Lebensmittel können ebenfalls dazu beitragen, das Chakra des Dritten Auges auszugleichen, also nehmen Sie mehr davon in Ihren Speiseplan auf. Feigen und schwarze Johannisbeeren gehören zu den Lebensmitteln, die Sie in Betracht ziehen können.

Befolgen Sie die untenstehende Übung zur Sonnenmeditation, um das Gleichgewicht wiederherzustellen.

- Spreizen Sie die Beine weit auseinander und beugen Sie sie um etwa 15 Grad.
- Führen Sie Daumen und Zeigefinger zusammen, um ein Dreieck zu bilden. Heben Sie die Hände nach oben, bis die Daumen in der Mitte der Stirn enden.
- Atmen Sie entspannt ein und aus.
- Dann visualisiere die Energie der Sonne, die durch das gebildete Dreieck in Ihr Drittes Auge strömt.
- Heben Sie Ihre Augen etwa 15 Grad in Richtung Himmel.
- Verharren Sie bis zu 5 Minuten in dieser Position und spüren Sie, wie die Energie der Sonne Ihr Drittes Auge und die Zirbeldrüse erfrischt.

Ausgleich des Kronenchakras

Das Führen eines Traumtagebuchs bietet Ihnen eine Möglichkeit, um Ihr Kronenchakra trainieren können. Sie können sich auch ein Visionsbrett zulegen, um Ihre Träume und Absichten in einem spirituell aufgeladenen Raum zu analysieren. Meditation ist auch deshalb so gut, weil sie eine Verbindung zwischen Ihrem physischen Selbst und Ihrem spirituellen Körper herstellt. Machen Sie es sich zur Gewohnheit, sich eine weiße Lichtquelle vorzustellen, die Ihren Kopf mit Energie erfüllt. Essen Sie außerdem mehr cremefarbene Lebensmittel und Getränke. Meditieren Sie mithilfe von Amethyst, Fluorit und anderen klaren Edelsteinen.

Machen Sie die folgende Übung, um Ihr Kronenchakra auszugleichen.

- Setzen Sie sich bequem in den halben Lotussitz. Lassen Sie Ihre Wirbelsäule beim Sitzen aufrecht.
- Heben Sie langsam beide Hände und führen Sie sie zu beiden Seiten Ihrer Stirn. Zwischen ihnen sollte etwas Platz sein.
- Konzentrieren Sie sich auf das Gefühl im Bereich zwischen Ihren Händen.
- Führen Sie Ihre Hände langsam aneinander heran und spreizen Sie sie wieder auseinander. Um es einfach auszudrücken: Die Bewegung ist ein Ausdehnen und Zusammenziehen.
- Während Sie diese Bewegung wiederholen, stellen Sie sich vor, dass mit jeder Bewegung Blumen aufblühen.
- Spüren Sie, wie die Energie durch alle Ihre Chakren fließt.
- Atmen Sie langsam ein und aus und führen Sie Ihre Hand in einer streichenden Bewegung vom Kopf zum Unterbauch.
- Setzen Sie die Meditation für einige Minuten fort, während Sie Ihre Augen schließen.

Da Sie nun Ihre sieben Chakren kennen, und wissen, mit welchen Teilen Ihres Körpers sie verbunden sind und wie Sie sie ausgleichen können, können Sie ein blockiertes Chakra sofort erkennen und das Problem schnell lösen. Mit den oben genannten Übungen und gesunden Angewohnheiten können Sie ein ausgeglicheneres Leben führen. Ausgeglichene Chakren helfen Ihnen dabei, das allgemeine Energieniveau aufrechtzuerhalten, das Sie brauchen, um sich mit sich selbst zu verbinden und auf Ihrer psychischen Entwicklungsreise voranzukommen.

Kapitel 8: Auren lesen

Erinnern Sie sich noch daran, dass wir in Kapitel sechs über das elektromagnetische Feld des Menschen sprachen? Nun, dieses elektromagnetische Feld ist Ihre Aura. Die Aura ist eine trübe oder verschwommene Lichtblase, die sich Zentimeter vom Körper entfernt erstreckt und ihn von Kopf bis Fuß umgibt. Alles, was existiert, hat eine Aura, auch Felsen, Bücher und andere Gegenstände und Lebewesen. Solange Energie durch sie hindurchfließt, haben sie eine Aura. Da wir bereits über Energie gesprochen haben, wissen Sie, wie die Aura funktioniert. Sie funktioniert nach den gleichen Prinzipien wie Ihr Energiefeld, daher trifft alles, was wir über Energie besprochen haben, auch auf Ihre Aura zu. Lassen Sie uns nun über andere Teile der Aura sprechen.

Die Aura hat sieben Schichten, über die sie mit dem physischen Körper interagiert und Informationen über die sieben Chakren weiterleitet. Die Chakren sind also auch ein Teil des aurischen Feldes. Jedes Chakra ist mit jeder ihrer Schichten verbunden. Jeder Aurakörper korreliert mit Ihrem physischen, emotionalen, mentalen und spirituellen Zustand. Die Schwingungen Ihrer Gedanken, Gefühle, Gesundheit, Ihres Bewusstseins und vergangener Erfahrungen sind in jedem Aurakörper gespeichert, immer abhängig davon, welche Aura-Schicht mit der fraglichen Information korreliert.

Der äußerste Teil ist derjenige, der sich typischerweise etwa 5 bis 7 Fuß vom physischen Körper entfernt befindet. Der Grad der Ausdehnung bei einer Person hängt vom allgemeinen Wohlbefinden dieser Person ab. Auch wenn Sie Ihre Aura vielleicht nicht sehen können, können Sie sie spüren, wenn Sie mit der Aura einer anderen Person interagieren. Das bedeutet, dass Sie manchmal ein klares Gefühl dafür haben, dass sich eine andere Person in Ihre „Privatsphäre" eindringt. Bevor Sie lernen, wie man die Aura liest, müssen Sie also die sieben feinstofflichen Energiekörper erkennen und identifizieren. Dies ist entscheidend für das Lesen der Aura. Im Gegensatz zum vorherigen Kapitel, in dem Sie gelernt haben, wie Sie Ihre Intuition zum Lesen von Energie einsetzen können, geht es hier in erster Linie um die Farben der Aura. Darüber erfahren Sie später mehr.

Ätherische Schicht

Der Ätherkörper ist die dem physischen Körper am nächsten liegende aurische Schicht. Es handelt sich um die Schicht, die man sieht, wenn man versucht, die Aura einer Person zu lesen oder deren Energie zum Heilen zu nutzen. Sie erstreckt sich etwa 2 bis 4 Zentimeter über den physischen Körper hinaus. Sie kann Ihnen in Form eines violetten oder grauen Nebels oder Dunstes erscheinen. Der Ätherkörper ist mit Ihrem Wurzelchakra und Ihren Drüsen, Organen und Meridianen verbunden. Die Qualität dieser Schicht entspricht der Gesundheit und dem Zustand Ihres physischen Körpers. Daher manifestiert sich jeder Zustand, der im physischen Körper auftritt, oft zuerst dort. Wenn Sie lernen, wie man Auren liest, können Sie feststellen, wann sich ein neuer Zustand im Ätherkörper entwickelt. So können Sie sich darum kümmern, den Zustand zu verbessern, bevor es sich physisch manifestiert.

Emotionale Ebene

Die zweite Ebene des aurischen Feldes ist die emotionale Schicht, die sich bei vielen Menschen etwa fünf Zentimeter vom Körper entfernt befindet. Sie umgibt den physischen Körper in einer ovalen Form und wirkt wie ein Kokon um ihn herum. Dieser Teil der Aura ist mit dem Sakralchakra verbunden, das auch als das zweite Chakra bekannt ist. Sie bezieht sich in erster Linie auf Ihre Gedanken, Gefühle, Emotionen und Erfahrungen.

Der Emotionalkörper verändert sich ständig, je nach Stimmung, dem Inhalt Ihrer Gedanken und Gefühle, und er beherbergt leicht negative Emotionen wie Wut, Angst, Einsamkeit und Groll. Normalerweise kommuniziert die emotionale Ebene Ihre Energien mit der ätherischen Ebene, die sie dann verarbeitet und an den physischen Körper weiterleitet. Wenn Sie Magenbeschwerden, Krämpfe und körperliche Verspannungen verspüren, liegt das oft daran, dass die emotionale Ebene den Ätherkörper mit emotionalem Schmerz bombardiert. Da wir oft eine Reihe von Gefühlen erleben, erscheint dies normalerweise als eine Mischung aus allen Regenbogenfarben. Wenn Sie diese lesen, lässt sich der Zustand Ihrer Chakren leicht feststellen.

Mentale Ebene

Die mentale Schicht ist der dritte feinstoffliche Energiekörper im aurischen Feld. Sie erstreckt sich bis zu 21.1 cm vom physischen Körper entfernt. Die mentale Ebene ist direkt mit dem Solarplexuschakra verbunden, das auch das dritte Chakra im Energiesystem ist. Dieser Aurakörper ist eine Repräsentation Ihrer kognitiven Prozesse, Gedanken und Ihres allgemeinen Geisteszustands. Er ist in der Regel leuchtend gelb und enthält alles von Ihren Ideen, Überzeugungen, logischen Prozessen und Ihrem Intellekt bis hin zu Ihrem Bewusstsein. Hier rationalisieren Sie Ihre Gedanken und Ideen. Psychische Probleme treten oft an dieser Stelle auf, bevor sie sich im feinstofflichen oder physischen Körper materialisieren. Wenn Sie versuchen, diese Ebene der Aura zu lesen, sollten Sie besonders auf den Kopf, den Nacken und die Schultern achten, denn dort strahlt und leuchtet sie am stärksten.

Astralebene

Man könnte sie auch als *Brücke* oder als Astralkörper bezeichnen. Die Astralebene ist die vierte Aura-Schicht und erstreckt sich bis zu 31,6 cm über den Umfang des physischen Körpers hinaus. Sie ist mit dem Herzchakra verbunden und enthält daher Informationen über Ihren Sinn für Liebe, Freude und andere hochschwingende Emotionen. Dieser Bereich wird auch „die Brücke" genannt, weil es die physische und die spirituelle Welt miteinander verbindet. Um die spirituelle Ebene zu besuchen, müssen Sie Ihren physischen Körper für Ihren Astralkörper ablegen. Die Astralebene reflektiert oft eine rosafarbene Farbe. Sie wird durch liebevolle und intime Beziehungen zu den Menschen in Ihrer Umgebung gestärkt. Über diesen Körper können Sie auch auf den Zustand Ihrer Chakren zugreifen. Wenn Sie die Astralprojektion erlernen, können Sie in Ihrer Astralform jeden Ort des Universums erkunden. Noch wichtiger ist, dass die Heilung in der Astralebene schneller von statten geht.

Ätherische Schicht

Die ätherische Schicht ist die fünfte aurische Schicht, und sie ist in erster Linie mit Ihrem Kehlkopfchakra verbunden. Sie befindet sich etwa 90 cm von Ihrem Körper entfernt. Sie ist für Klang, Kommunikation, Schwingung und Kreativität verantwortlich. Die ätherische Schicht wird auch als die ätherische Vorlage bezeichnet, weil sie die Kopie Ihres physischen Körpers in der geistigen Welt darstellt. Die ätherische Vorlage ist also eine Art Blaupause, durch die sich Ihr physischer Körper manifestiert hat. Sie erscheint oft wie das Negativ eines Fotos, kann aber in der Farbe variieren. Alles, was Sie auf der physischen Ebene erschaffen, wird auf der ätherischen Vorlage aufgezeichnet. Dazu gehören Ihre Persönlichkeit, Ihre Identität und Ihre gesamte Energie.

Himmlische Schicht

Der himmlische Körper ist der sechste feinstoffliche Energiekörper, der mit dem Chakra des Dritten Auges verbunden ist. Es handelt sich um die Darstellung Ihres Unterbewusstseins. Es ist der Punkt, an dem sich Ihr Bewusstsein mit Ihrem spirituellen Geist verbindet. Wenn Sie meditieren und andere spirituelle Praktiken ausüben, ist dies der Ort, auf den sich Ihr Bewusstsein konzentriert. Der himmlische Körper enthält Informationen über Träume, Erinnerungen, Ihr spirituelles Bewusstsein, Intuition, Vertrauen und bedingungslose Liebe. Sie können nur dann eine Erfahrung machen, die größer ist als Sie selbst, wenn Sie sich darauf einstimmen. Diese Schicht hat eine starke Schwingung, was bedeutet, dass Ihre Frequenzschwingung sehr hoch sein muss, um sich auf den Himmelskörper einzustimmen. Durch einen starken himmlischen Körper haben Sie die Macht, mit Geistern zu kommunizieren und übersinnliche Botschaften zu empfangen.

Ketherische Schicht

Die ketherische Schicht ist die am weitesten vom physischen Körper entfernte Schicht, steht aber der geistigen Welt am nächsten. Die manchmal als ketherische Vorlage beschriebene Schicht beherbergt den siebten und letzten feinstofflichen Energiekörper im aurischen Feld. Sie ist mit dem Kronenchakra verbunden. Dort finden Sie Informationen über alle Ihre vergangenen Leben. In der ketherischen Vorlage können Sie außerdem eins mit dem Universum werden. Dieser Aurakörper schwingt mit einer höheren Frequenz als alle anderen Schichten. Er ist der Schutzschild aller anderen Aurakörper und die Heimat allen Wissens und aller Möglichkeiten. Er enthält eine Blaupause Ihres bisherigen spirituellen Lebensweges, in der alle Ereignisse, die Sie im Laufe Ihres Lebens erlebt haben, festgehalten werden. Er gilt als Ihre Verbindung zum Göttlichen, zur Quelle, zum Schöpfer, zu allem, was existiert, zu Gott und allen anderen Wesen, an die Sie persönlich glauben. Je höher Ihr spiritueller Körper ist, desto näher ist die ketherische Schicht an Ihrem physischen Körper.

Viele Menschen glauben, dass es noch weitere Schichten des Energiefeldes gibt, die erst noch entdeckt werden müssen. Bis sie jedoch entdeckt werden, sind die oben genannten die Schichten, die man kennen und lesen lernen muss.

Wie man Auren sieht

Auren zu sehen ist einfach, wenn man hellsichtig ist. Aber Hellsichtige können sie nicht immer automatisch sehen. Um Ihre Aura oder die einer anderen Person lesen zu können, müssen Sie zunächst wissen, was das aurische Feld enthält, d.h. seine sieben Schichten. Jetzt, da Sie das Basiswissen haben, müssen Sie lernen, wie Sie es sehen können. Sie müssen zunächst für sich selbst üben, bevor Sie zu anderen energetischen Objekten übergehen können. Wenn Ihr vorherrschender übersinnlicher Sinn nicht die Hellsichtigkeit ist, können Sie die Aura vielleicht nicht sehen, aber Sie können sie spüren oder fühlen. Und wenn Sie mehrere dominante übersinnliche Sinne haben, ist es trotzdem gut möglich, dass Sie die Aura sehen, fühlen oder spüren können, was gut für Sie ist. Um Ihre Möglichkeiten zu erweitern, finden Sie im Folgenden verschiedene Übungen, um die Aura mit verschiedenen übersinnlichen Sinnen zu „sehen" und wahrzunehmen.

Übung 1: Die Aura spüren

Wenn Sie ein kinästhetischer Mensch sind, ist es einfacher, die Aura zu fühlen als sie zu lesen. In psychischer Hinsicht bedeutet kinästhetisch zu sein, hellfühlig zu sein. Wie bereits definiert, ist Hellfühligkeit die außersinnliche Wahrnehmung von Gefühlen. Sie ermöglicht es Ihnen, Dinge jenseits der materiellen Ebene zu fühlen und wahrzunehmen. Ihre Hände sind die wichtigsten Werkzeuge, die

Sie brauchen, um das menschliche Energiefeld und die feinstofflichen Energiekörper zu spüren. Um die erste Übung durchzuführen, müssen Sie einen ruhigen Ort finden, weit weg von Ablenkungen und Unterbrechungen.

- Versetzen Sie sich in Ihre übliche meditative Haltung. Schließen Sie Ihre Augen und finden Sie Ihren Atem. Verbinden Sie sich mit der Aura und nehmen Sie wahr, wie sie in Ihren Körper eintritt, sich durch ihn hindurchbewegt und ihn wieder verlässt. Für einige Momente sollten Sie sich nur auf dieses Gefühl konzentrieren.
- Reiben Sie bei noch nicht geöffneten Augen 30 Sekunden lang die Handflächen fest aneinander. Machen Sie das so zügig wie möglich.
- Strecken Sie Ihre Hände vor sich aus. Achten Sie darauf, dass Ihre Ellbogen leicht gebeugt sind und Ihre Handflächen etwa einen Meter auseinander liegen.
- Führen Sie die Hände langsam zusammen. Sie dürfen sich nicht berühren.
- Wiederholen Sie den obigen Schritt so langsam wie möglich. Achten Sie bei der Wiederholung der Bewegung auf das Gefühl im Bereich zwischen Ihren Händen. Wiederholen Sie den Vorgang noch einige Male.
- Öffnen Sie dabei nicht die Augen, und hören Sie nicht auf, sanft ein- und auszuatmen. Wenn Sie sich von Ihrem Atem lösen, stellen Sie die Verbindung wieder her, indem Sie sich seines Eintritts, seiner Bewegung und seines Austritts aus Ihrem Körper bewusstwerden. Das wird Ihnen helfen, sich zu stabilisieren und zu erden.
- Achten Sie auf den Bereich zwischen Ihren Händen und nehmen Sie alle Empfindungen, Gedanken und Bilder wahr, die während der Wiederholung in Ihrem Geist auftauchen. Seien Sie sich dessen bewusst, was zwischen Ihren Händen geschieht.

Es gibt keinen richtigen oder falschen Weg, diese Übung durchzuführen. Die Gefühle, die Sie in diesem Moment fühlen, sind Ihre eigenen, also nehmen Sie sie an. Sie erleben die Wahrnehmung

Ihrer Aura als Energiekörper. Mit etwas Übung wird das Gefühl, das Sie von Auren bekommen, stärker und dominanter werden.

Übung 2: Die Aura sehen

Beim Sehen von Auren gilt: Übung macht den Meister. Arbeiten Sie zuerst daran, Ihre eigene Aura zu sehen, bevor Sie mit anderen Menschen üben. Sobald Sie Ihre eigene sehen, sind Sie bereit, die Auren anderer Menschen zu sehen. Anfänglich werden Sie feststellen, dass Sie nur die unteren Ebenen Ihrer Aura sehen können. Mit Beständigkeit und etwas Übung können Sie schließlich auch die höheren Ebenen der Aura sehen. Wie immer sollten Sie sich für diese Übung einen ruhigen und dunklen Ort suchen. Wenn Sie keinen dunklen Ort finden, warten Sie bis zur Dämmerung, um diese Technik zu üben. Ich denke, Sie sollten idealerweise einen Teil Ihres Hauses speziell für meditative Sitzungen und Übungen wie diese reservieren. Auf diese Weise müssen Sie nicht jedes Mal, wenn Sie üben wollen, einen neuen Ort zum Praktizieren finden. Außerdem gewöhnen sich Ihre Sinne an die Umgebung, wenn Sie immer wieder am gleichen Ort üben, was Ihr Erinnerungsvermögen und Ihre Konzentration steigern sollte.

- Setzen Sie sich mit dem Gesicht in Richtung einer weißen Wand und stellen Sie Ihre Füße fest auf den Boden. Stützen Sie Ihren Rücken gegen einen Stuhl.

- Konzentrieren Sie sich auf Ihren Atem und führen Sie eine kurze Atemübung durch, um sich in einen entspannten Zustand zu versetzen.

- Strecken Sie einen Ihrer Arme in Richtung der weißen Wand aus. Lassen Sie Ihre Handfläche zur Wand zeigen, während Sie Ihre Finger näher zusammenbringen. Verringern Sie sanft die Intensität Ihres Blicks und lassen Sie ihn weicher werden. Behalten Sie den weichen Blick bei, während Sie auf Ihre Hand schauen. Sie sollten nun beginnen, die Umrisse Ihrer Aura um Ihre Hand herum zu sehen.

- Spreizen Sie Ihre Finger langsam auseinander, während Sie den sanften Blick halten. Konzentrieren Sie sich auf den Raum zwischen Ihren Fingern und nehmen Sie wahr, was sich dort befindet.

- Mit der Zeit werden Sie beginnen, die Umrisse Ihrer Aura um Ihre Hand und Finger herum zu sehen. Anfänglich mag das Feld farblos sein. Aber mit der Zeit werden Sie anfangen, die verschiedenen Farben zu sehen, die es umgeben.
- Lassen Sie sich auf den Moment ein und beobachten Sie geduldig Ihre Hände und Finger.

Wenn Sie regelmäßiger üben, können Sie diese Übung auch bei Tageslicht oder ungünstigen Lichtverhältnissen durchführen. Nach einer Weile werden Sie nicht einmal mehr den weißen Hintergrund brauchen, um Ihre Aura zu sehen. Sie können trotzdem ein weißes Blatt Papier als Hintergrund verwenden, wenn Sie möchten.

Übung 3: Die Aura der anderen sehen

Sie können mit einem Partner üben, wenn Sie deren Aura vor einem weißen Hintergrund sehen wollen.

- Bitten Sie Ihren Partner, sich an die weiße Wand in Ihrem Übungsraum zu stellen. Er sollte ein paar Zentimeter entfernt stehen, damit er den weißen Hintergrund nicht berührt.
- Stellen Sie sich ein paar Meter von Ihrem Partner entfernt auf, damit Sie ihn von Kopf bis Fuß gut sehen können. Stellen Sie sicher, dass Sie auch die weiße Wand hinter der Person sehen können.
- Stellen Sie Ihre Füße fest auf den Boden und führen Sie eine kurze Atemübung durch.
- Schließen Sie die Augen für einen Moment und öffnen Sie sie dann wieder. Betrachten Sie mit sanftem Blick den ganzen Körper Ihres Gegenübers. Nehmen Sie alles wahr, was sich an der weißen Wand erhebt. Seien Sie nicht erpicht darauf, etwas Bestimmtes zu sehen. Beobachten Sie den Bereich einfach erwartungsvoll.
- Bald werden Sie sehen, wie die Aura um den Kopf und den Oberkörper aufsteigt. Dieser Teil der Aura ist am einfachsten zu sehen. Anfangs sieht sie farblos aus, aber nach ein paar konsequenten Übungen wird die Farbe erscheinen.

Um Auren sehen zu können, müssen Sie engagiert und geduldig bleiben. Mit der Zeit werden Sie zu einem wahren Maestro werden, der nicht einmal eine Übung braucht, um das aurische Feld zu sehen. Hören Sie nicht mit dem Üben auf, bis Sie diesen Punkt erreicht haben.

Was kommt nach dem Sehen der Aura? Natürlich das Lesen.

Aura-Farben und ihre Bedeutungen

Die Farben der Aura, ihre Schattierungen, ihr Ton, ihre Intensität und ihre Schärfe verraten viel über Ihr körperliches, emotionales, mentales und spirituelles Wohlbefinden. Im Folgenden erkläre ich die Bedeutung der verschiedenen Aura-Farben.

Sie können die Farbe als eine Art Welle definieren, die sich durch den Raum bewegt. Je nach dem Abstand zwischen den Spitzen der elektromagnetischen Wellen nehmen Ihre Augen unterschiedliche Farben im Energiespektrum wahr. Mit anderen Worten: Ihr Gehirn interpretiert die Abstände zwischen den elektromagnetischen Wellen als Farben. Ihre Aura zeigt verschiedene Farben, weil ihre Energiekörper alle mit unterschiedlichen Frequenzen schwingen. Die Frequenzen und Wellen sind das, was Sie als Farben sehen, wenn Sie das aurische Feld betrachten. Beim Lesen der Aura geht es darum, die Farben zu interpretieren, die erscheinen, wenn Sie das Energiefeld sehen. Im Folgenden finden Sie einen kurzen und detaillierten Einblick in die Farben des aurischen Feldes und deren Deutung.

Rot

Wie Sie bereits wissen, ist Rot die Farbe des Wurzelchakras. Wenn Rot in der Aura eines Menschen auftaucht, ist das oft auf die eine oder andere Weise mit den Funktionen des Wurzelchakras verbunden. Diese Farbe erscheint in verschiedenen Schattierungen im aurischen Feld. Manchmal ist sie tief und kraftvoll, ein anderes Mal ist sie klar und hell wie der Tag. Eine andere Schattierung, die auftreten kann, ist fast schlammig, während einige unerträglich hell erscheinen. Jede Rotschattierung, die in der Aura erscheint, hat eine andere Bedeutung.

Rot erscheint typischerweise in der Aura von mutigen und furchtlosen Menschen, die bodenständig und in der Erde verwurzelt sind. Solche Menschen haben ein natürliches Verständnis für ihre physische Realität, und das erlaubt ihnen, die Wünsche der materiellen Welt anzunehmen. Wenn Sie Rot in Ihrem Aura-Feld sehen, bedeutet das, dass Sie leidenschaftlich, abenteuerlustig, dynamisch und unverfroren sind. Sie haben keine Angst vor der Sterblichkeit, vor Sinnlichkeit, übermäßigem Genuss und anderen Adrenalin-auslösenden Aktivitäten. Dunkles, schlammiges Rot deutet normalerweise darauf hin, dass eine Person mit negativen Emotionen und vergangenen Traumata belastet ist. Es kann auch für Erschöpfung, geringe Energie oder Überarbeitung stehen.

Orange

Diese Farbe erscheint in der Aura von Menschen, die viel Wert auf ihre Beziehungen und Interaktionen mit anderen legen. Orange strahlt freudige und positive Schwingungen aus. Die Farbe steht oft im Zusammenhang mit positiver Energie in Bezug auf Geld, Zeit, Lebensfreude, Liebe, Ressourcen und Arbeit. Wenn Sie Orange in Ihrem feinstofflichen Körper wahrnehmen, bedeutet das, dass Sie aufgrund Ihrer kontaktfreudigen und umgänglichen Persönlichkeit Teamarbeit lieben. Sie sind aber auch sehr scharfsinnig und dynamisch. Sie knüpfen schnell Freundschaften mit Menschen, die Sie gerade erst kennen gelernt haben, weil Sie gut mit sozialen Interaktionen umgehen können. Orange bedeutet auch, dass Sie das Abenteuer lieben. Sie interessieren sich für alles, was die Welt Ihnen zu bieten hat, und das macht Sie zu einem Menschen, der den Nervenkitzel sucht. Da Sie sich nach neuen Erfahrungen und Abenteuern sehnen, kann es passieren, dass Sie süchtig nach Beziehungen werden oder es schwierig finden, sich auf eine einzige Beziehung festzulegen.

Gelb

Gelb in Ihrer Aura zeigt an, dass Sie ein starkes Selbstbewusstsein haben, nicht schüchtern sind und die Fähigkeit besitzen, in Ihrer Umgebung Gefühle von Größe und Autorität auszustrahlen. Gelb schwingt mit starken Schwingungen, die in der Regel vom Glück herrühren. Als jemand, der Gelb in seinem Energiefeld hat, sind Sie eine natürliche Führungspersönlichkeit. Sie wissen, wie man das Kommando übernimmt und die Meute anführt. Sie haben zusätzlich auch ein unglaublich hohes Energieniveau, was bedeutet, dass Sie nie müde werden, andere Menschen zu führen oder positiv zu motivieren.

Menschen mit gelber Aura sind von Natur aus voller Freude und Großzügigkeit und tendenziell attraktiv für andere Menschen.

Dunkelgelb hat jedoch eine negative Konnotation. Wenn das Gelb einen dunklen Farbton hat und tief gefärbt ist, deutet dies darauf hin, dass Sie mit Selbstkritik, Selbstzweifeln, Selbstüberschätzung oder Perfektionismus zu kämpfen haben. Sie handeln also in erster Linie aus Ihrem egozentrischen Selbstgefühl heraus.

Grün

Grün in Ihrer Aura bedeutet, dass Sie bedingungslose Liebe empfinden und förmlich aus Ihrem Inneren herausstrahlen. Wann immer Sie in die Gegenwart von Menschen kommst, spüren diese Ihre Lebensenergie, weil deren magnetische Anziehungskraft sehr stark ist. Sie fühlen sich vielleicht sogar zu Tieren und zur Natur hingezogen. Sie neigen außerdem dazu, ein natürlicher Heiler zu sein. Wenn jemand in Ihre Gegenwart kommt, wird er sofort friedlich und entspannt. Grün in der Aura ist eine sehr kraftvolle Farbe. Im gesamten aurischen Farbspektrum ist Grün eine der ausgeglichensten Farben. Das bedeutet, dass Menschen mit einer grünen Aura auch sehr ausgeglichene Menschen sind. Wenn das Grün dunkel oder trüb ist, könnte das ein Zeichen dafür sein, dass Sie Gefühle von Neid und Eifersucht in Ihrem Energiefeld beherbergen.

Blau

Blau steht für eine Person mit tadellosen Kommunikationsfähigkeiten. Wenn Sie Blau in Ihrer Aura haben, bedeutet das, dass Sie immer Ihre ehrliche Meinung sagen und sich gut offen ausdrücken können; es gibt keine Einschränkungen. Das Blau im Energiefeld deutet auf eine starke Fähigkeit, klar mit anderen zu kommunizieren, hin. Je heller der Blauton in Ihrer Aura ist, desto positiver und friedlicher ist Ihre innere Energie.

Indigo

Indigo ist typischerweise bei intuitiven und sensiblen Menschen zu finden. Indigo ist ein dunklerer Blauton in der Aura und bedeutet, dass Sie sehr empfindsam sind. Starke intuitive Fähigkeiten lassen Sie Dinge erahnen, bevor sie überhaupt geschehen. Sie sind auf eine Art und Weise einfühlsam, die über die übliche Empathie der meisten Menschen hinausgeht. Sie sind von Natur aus ein suchender Mensch und nehmen die Welt als etwas Größeres als sich selbst wahr. Sie leben Ihr Leben, indem Sie sich dem natürlichen Fluss der Dinge anpassen. Nehmen wir einmal an, das Indigo in Ihrer Aura ist trübe. In diesem Fall könnte es bedeuten, dass Sie von Ihrem intuitiven

Selbst getrennt sind und mit Selbstzweifeln und Unsicherheit zu kämpfen haben.

Violett

Violett ist das Gleiche wie die Farbe Lila. Ein violettes aurisches Feld bedeutet, dass Sie idealistisch sind und eine Vision für Ihre Zukunft haben. Sie können das große Ganze sehen und gleichzeitig die kleinen Details beachten. Sie haben ein hohes Maß an Originalität, was Sie zu einem innovativen, fortschrittsorientierten und offenen Menschen macht, was die Dinge im Allgemeinen betrifft.

Andere Farben der Aura sind:

- Rosa
- Magenta
- Weiß
- Türkis
- Beige

Obwohl die oben genannten Farben die Hauptfarben sind, die in der Aura der meisten Menschen erscheinen, können einige der nachstehenden Farben auch als Hauptfarbe in der Aura einer Person auftauchen.

Kapitel 9: Tägliche Übungen und positive Gewohnheiten zur Stärkung von Intuition und übersinnlichen Fähigkeiten

Wenn Sie Ihre psychische Entwicklung fortsetzen wollen, müssen Sie dabei aufgeschlossen bleiben. Am wichtigsten ist es, keine Erwartungen zu haben. Wenn Sie zu hohe Erwartungen haben und sie am Ende nicht erfüllen, kann Sie das ein paar Jahre zurückwerfen. Wenn Sie offenbleiben, können Sie sich voll und ganz auf jede übersinnliche Erfahrung einlassen, die Sie machen. Anstatt ängstlich darauf zu warten, dass Sie einen übersinnlichen oder intuitiven „Treffer" landen, konzentrieren Sie sich auf jeden einzelnen Moment und merken es schließlich vielleicht nicht einmal gleich, wenn Sie einen Treffer landen und mit Ihrer Intuition richtig liegen.

Wenn Sie nicht akzeptieren können, dass die Dinge zu ihrer eigenen Zeit geschehen, werden Sie wahrscheinlich kein guter Hellseher werden. Der Schlüssel liegt darin, dass Sie „dem Schicksal aus dem Weg gehen", damit Ihre hellseherischen Sinne die Kontrolle über Ihre Wahrnehmungen und Erfahrungen übernehmen können. Seien Sie jederzeit bereit, Ihre Gedanken loszulassen und sich einfach Ihren hellseherischen Sinnen zu überlassen.

Sie können jeden Tag bestimmte Dinge tun, um Ihre Intuition zu stärken und Schritt für Schritt fortgeschrittener zu werden. Eine Sache, die ich ungeübten Hellsehern in der Regel empfehle, ist regelmäßige Meditation. Die Meditation hilft Ihnen nicht nur, einen Einblick in Ihre Grundlagen zu bekommen, sondern ist auch entscheidend, um Ihren ruhigen Ort zu finden. In diesem Zusammenhang bezieht sich der ruhige Ort auf Ihre ketherische Vorlage, d.h. auf den Ort, an den Ihr Bewusstsein geht, wenn Sie sich in einer meditativen Sitzung befinden. Dies ist der Ort, an dem Sie mit Ihrem Geist, Körper und Ihren übersinnlichen Sinnen eins werden können. Sie werden es wahrscheinlich nicht beim ersten Versuch schaffen, aber Sie werden diesen Zustand schon bald erreichen, wenn Sie weiter regelmäßig üben.

Machen Sie sich die passive Beobachtung Ihres Umfeldes im Laufe Ihres Tages zur Gewohnheit. Das ist der Schlüssel zur Hellsichtigkeit. Der Sinn der hellseherischen Sinne besteht darin, dass Sie in der Lage sind wahrzunehmen, was anderen Menschen entgeht. Lassen Sie Ihr Ego nicht die Oberhand gewinnen, wenn Sie Ihre hellseherischen Fähigkeiten stärken. Urteilen Sie nicht über sich selbst. Kritisieren Sie sich nicht. Setzen Sie sich nicht unter Druck. Wenn Sie einen Freund haben, der ebenfalls übersinnliche Entwicklung betreibt, aber weiter fortgeschritten zu sein scheint als Sie, verurteilen Sie sich nicht und lassen Sie sich nicht frustrieren. Angenommen, Sie drücken in einem solchen Szenario negative Gefühle aus, kann dies ein Zeichen dafür sein, dass Ihr Antrieb zu egozentrisch ist und aus diesem Grunde scheitert. Anstatt das Sie sich mit den Fortschritten anderer beschäftigen, konzentrieren Sie sich auf sich selbst. Bleiben Sie den Empfindungen in Ihrem Körper gegenüber offen. Beobachten Sie die Worte, die Ihnen durch den Kopf gehen, und die Bilder, die oft auftauchen. Wenn Sie all das tun, wird es Ihnen leichtfallen zu erkennen, wenn Sie eine übersinnliche Botschaft erhalten.

Suchen Sie sich ein Tagebuch, in dem Sie Ihre täglichen Erfahrungen mit psychischen Spuren festhalten können. Halten Sie die Spuren und Tests fest. Wenn Sie versagen, schreiben Sie auf, warum Sie das Gefühl haben, versagt zu haben. Und wenn Sie es richtig gemacht haben, schreiben Sie auf, was Sie für den Grund halten, das etwas gut funktioniert hat. Sie können jederzeit auf die

Informationen zurückblicken, die Sie in Ihrem Tagebuch notiert haben, um ein Muster zu finden oder den Fortschritt Ihrer Entwicklung zu beurteilen.

Da Sie auch lebhaftere Träume und Albträume haben werden, sobald Sie mit der psychischen Entwicklung beginnen, schreiben Sie die Träume am besten auch auf. Manchmal kommen Botschaften vom Dritten Auge durch diese lebhaften Träume bei Ihnen an. Wenn Sie Ihre Träume nicht aufschreiben, wird es Ihnen schwerfallen, ein wiederkehrendes Muster in Ihren Träumen zu erkennen. Das Führen eines Tagebuchs ist sehr hilfreich, weil es Ihnen die Möglichkeit gibt, sich selbst Feedback zu geben und Ihr spirituelles Wachstum zu bewerten. Sie können nie etwas falsch machen, wenn Sie sich selbst eine Rückmeldung über Ihre Leistung und persönliche Entwicklung geben.

Wenn man gerade erst mit der spirituellen Entwicklung beginnt, ist das immer sehr aufregend. Aber es ist leicht, die Aufregung und den Enthusiasmus zu verlieren, wenn Sie keinen Weg finden, die Übungen in Ihre tägliche Routine einzubauen. Außerdem ist dies eine Sache, die Sie vielleicht nicht in Gegenwart anderer Menschen lernen wollen. Der Prozess an sich ist schon anfällig, aber wenn dann noch Leute hinzukommen, die das Ganze nicht verstehen, könnte es für Sie noch schwieriger werden. Der Schlüssel liegt darin, einen Weg zu finden, mit sich selbst umzugehen, ohne sich Gedanken über die Beurteilung durch die Menschen um Sie herum zu machen. Wie schaffen Sie es also, täglich genug zu üben, ohne dass Sie jemand schief anschaut?

Nun, ich habe drei einfache spirituelle Übungen für Sie, die Sie täglich machen können. Sie sind alle leicht selbst auszuprobieren, Sie brauchen also keinen Partner. Und vergessen Sie nicht, Ihre Erfahrungen mit diesen Übungen aufzuschreiben.

- **Übung 1: Erraten Sie den nächsten Song**: Dies ist eine großartige und lustige Übung, mit der Sie Ihre hellseherischen Fähigkeiten trainieren können, wenn Sie allein im Auto Radio hören. Ich mag diese Übung, weil man sie auch machen kann, wenn man nicht im Auto sitzt. Wenn Sie den Musikplayer oder das Radio eingeschaltet haben und Ihre Ohrhörer eingesteckt sind, können Sie loslegen. Während Sie einen Song im Radio, auf Apple Music, Spotify oder einer Ihrer Musik-Apps hören, lassen Sie Ihre Gedanken mitten im Lied abschweifen. Dann, kurz vor dem nächsten Lied, holen Sie Ihre Gedanken zurück und versuchen, den Titel des nächsten Liedes zu erraten, bevor es losgeht. Vielleicht hören Sie den Anfang des Liedes sogar in Ihrem Hinterkopf, bevor es zu spielen beginnt.

- **Übung 2: Quiz-Show:** Obwohl diese Übung „Quiz-Show" heißt, ist sie eine lustige Übung. Sie könnte Sie sogar richtig umhauen. Diese Übung geht sehr schnell, d. h. Sie können nicht lange über Ihre Antworten nachdenken. Wenn Ihnen eine Frage gestellt wird, sagen Sie sofort das Erste, was Ihnen in den Sinn kommt. Sie werden eine Menge interessanter Antworten geben. Manchmal werden Sie sich daran erinnern können, wie und warum Sie die Antwort auf die Frage wissen. Zu anderen Zeiten wissen Sie bestimmt nicht, warum oder woher Sie die Antwort wissen. Nehmen wir einmal an, Ihre psychische Entwicklung ist schon etwas in Gang gekommen. In diesem Fall werden Sie sich bei der Quiz-Übung oft fragen: „Woher weiß ich das?". Wichtig ist, dass Sie sich bewusst machen, wie Sie die Antwort erhalten haben. Überlegen Sie, ob die Antwort auf eine Erfahrung zurückzuführen ist, die Sie bereits gemacht haben, oder auf etwas Neues, zum Beispiel auf Ihre Intuition. Was auch immer es ist, vergessen Sie nicht, es aufzuschreiben.

Wenn Sie einen Freund oder eine Freundin haben, der/die bereit ist, Ihnen beim Üben zu helfen, können Sie die folgende Übung mit ihm/ihr durchführen.

- **Telemetrie:** Wenn Ihr Freund ein Familienerbstück oder einen anderen Gegenstand besitzt, der ihm nicht gehört, können Sie ihn für Telemetrieübungen verwenden. Stellen Sie sicher, dass Ihre Freunde wissen, wer der wahre Besitzer des Gegenstandes ist/war. Der Gegenstand kann beliebig sein, als von einer Uhr über ein Bild bis hin zu einer alten Münze kann funktionieren. Benutzen Sie den Gegenstand zur Meditation und schreiben Sie Ihre Gefühle während der Meditationssitzung auf. Erzählen Sie dann Ihrem Freund oder Ihrer Freundin, was Sie gesehen haben, und finden Sie heraus, ob Sie bei einigen der Informationen richtig liegen.

Die oben genannten Übungen lassen sich leicht in die tägliche Routine integrieren, Sie müssen also keine Angst haben, dass Sie etwas verpassen. Wenn Sie die Übungen jeden Tag konsequent durchführen, werden sie sogar schnell zur Gewohnheit. Vergessen Sie dabei nicht Ihre tägliche Meditation und Affirmation und Ihre Ernährungsumstellung. Diese Dinge mögen einzeln weniger wichtig erscheinen, aber zusammen können sie eine große Veränderung in Ihrem Leben bewirken.

Fazit

Hellsichtigkeit mag eine angeborene Fähigkeit sein, aber man braucht Übung und ausdauernde Disziplin, um diese Fähigkeit richtig zu nutzen. Die psychische Entwicklung kann ein mühsamer und langwieriger Prozess sein. Vergewissern Sie sich, dass Sie die richtige mentale Einstellung haben, bevor Sie mit dem spirituellen Erwachen beginnen. Es ist wichtig, dass Sie Ihr Drittes Auge nicht öffnen, bevor Sie sich sicher sind, dass Sie mit den Konsequenzen umgehen können. Scheuen Sie sich nicht davor, auf Ihrem Weg des psychischen Erwachens diejenigen um Rat zu fragen, die diese Erfahrung bereits gemacht haben. Das kann Ihnen eine große Hilfe sein. Abschließend empfehle ich Ihnen: Lassen Sie Ihr Ego los, bevor Sie beginnen!

Hier ist ein weiteres Buch von Mari Silva, das Ihnen gefallen könnte

Referenzen

Are Auras Real? 15 FAQs About Color, Meaning, More. (2018, December 3). Healthline. https://www.healthline.com/health/what-is-an-aura

Are you Psychic? 7 Psychic Abilities You Might Have. (2020, October 21). The Carousel. https://thecarousel.com/wellness/psychic/

Clairvoyance | History of ideas and intellectual history. (n.d.). Cambridge University Press. Retrieved from https://www.cambridge.org/nz/academic/subjects/history/history-ideas-and-intellectual-history/clairvoyance?format=PB

Deb, S. (2020, April 22). *Energy Reading Study Guide | How to Read Energy | TheMindFool.* TheMindFool - Perfect Medium for Self-Development & Mental Health. Explorer of Lifestyle Choices & Seeker of the Spiritual Journey. https://themindfool.com/energy-reading/

How To Clear and Remove a Psychic Blockage. (n.d.). Soul Truth Gateway. Retrieved from https://soultruthgateway.com/blog/how-to-clear-and-remove-a-psychic-blockage

Out-of-Body Experiences: The Psychology of Seeing Auras. (n.d.). Psychology Today. Retrieved from https://www.psychologytoday.com/nz/blog/ten-zen-questions/201907/out-body-experiences-the-psychology-seeing-auras

[PDF] PSYCHIC PROTECTION AND ENERGY CLEARING - Free Download PDF. (n.d.). Silo.Tips. Retrieved from https://silo.tips/download/psychic-protection-and-energy-clearing

Signs Your Third Eye Is Starting To See. (n.d.). Holy City Sinner. Retrieved from https://www.holycitysinner.com/2020/01/22/signs-your-third-eye-is-starting-to-see/

The Human Aura Manual compiled by Dr Gaynor du Perez. (n.d.).
http://www.study365.co.uk/wp-content/uploads/2018/08/Module-13-The-Aura.pdf

Third Eye Chakra Healing For Beginners: How To Open Your Third Eye. (2017, October 19). The Law Of Attraction.
https://www.thelawofattraction.com/third-eye-chakra-healing/

Writer, C. (2014, January 30). *SENSING ENERGY: 5 strategies to read people's emotional energy.* The Mindful Word.
https://www.themindfulword.org/2014/sensing-emotional-energy

www.ingramcontent.com/pod-product-compliance
Lightning Source LLC
Chambersburg PA
CBHW071901090426
42811CB00004B/696